荀学新论

牟钟鉴 著

商务印书馆
The Commercial Press

图书在版编目（CIP）数据

荀学新论 / 牟钟鉴著. —— 北京：商务印书馆，2021
ISBN 978-7-100-20089-9

Ⅰ. ①荀… Ⅱ. ①牟… Ⅲ. ①荀况（前313—前238）—
哲学思想—思想研究 Ⅳ. ①B222.65

中国版本图书馆CIP数据核字（2021）第124784号

荀学新论

牟钟鉴 著

商　务　印　书　馆　出　版
（北京王府井大街36号　邮政编码 100710）
商　务　印　书　馆　发　行
三 河 市 尚 艺 印 装 有 限 公 司 印 刷
ISBN 978－7－100－20089－9

2021 年 11 月第 1 版　　开本 880×1230　1/32
2021 年 11 月第 1 次印刷　　印张 7　7/8

定价：48.00 元

序

　　我对荀子的关注，起于 20 世纪 90 年代前期，为了研究儒家思想不能不弄清儒家的人性理论，首先碰到的是孔子的性近习远论、孟子的性善说和荀子的性恶论。表面看起来，以孔子性近习远论为出发点，孟子从一个方向上发挥出性善说，荀子从另一个方向上发挥出性恶论，形成鲜明的对立。但仔细研究下去，我发现孟荀两家又有相同处：孟子说"人皆可以为尧舜"，荀子说"涂之人可以为禹"；孟子强调教育和修养，荀子也强调劝学与修身。如何看待孟、荀两家人性论的异同？二人的不同在于对人性的界定：孟子侧重于认定人的道德理性是人性，荀子侧重于认定人的生理欲求是人性，所以有性善、性恶之别。但二者的目标是相同的，所以能够殊途同归，使人性同归于善。孟子的办法是将善性之端扩而充之，荀子的办法是用礼义化性起伪，皆需要后天人文化成。严格地说，孟子是人性趋善说，荀子是人性趋恶论，都不是将人性静态化，而是动态化，人可能走向善，也可能走向恶，关键在引导和自觉。再后来我在研究无神论者与宗教的关系时，认识到无神论是不一样的：有18世纪法国的战斗无神论，它是反宗教的，苏联就长期受它的影响；但也有社会主义的无神论，它是尊重宗教并主张信仰自由的，所以才有今天中国"积极引导宗教与社会主义社会相适应"的方针出现，它体现了社会主义的平等观。那么，"宗教适应论"在中国传统文化中是否也有渊源呢？我发现荀子的无神论就是能够尊重他者宗教信仰的无神论，不主张把自己的无神论强加于民众，又能从社会管理的高度看到鬼神之道（古代的宗教）有道德教化功能，我称之为温和无神论，中国历朝实行宗教包容政策从而形成宗教文化多元通和生态与《易传》"神道设教"的思想，荀子以恕道对待民间鬼神习俗有密切关系。于是我撰写了《荀子宗教观的当代价值》一文，益发感到荀子是位有大胸襟、大智慧的圣贤。

当我于20世纪90年代去荀子退居地山东临沂兰陵时，只看到埋葬荀子的土坟堆，没有相应的纪念性建筑，使我吃惊不小。曲阜有三孔（孔庙、孔府、孔林），规模宏大，用来纪念和祭祀至圣孔子。邹城有四孟（孟庙、孟府、孟林、孟母林），规模中等，用来纪念和祭祀亚圣孟子和孟母。相比之下，荀子墓就很凄凉了，它与荀子在中国礼义之邦发展中的巨大作用形成鲜明反差。这种状态是后世将荀子边缘化所造成的，很不应该。当然，近些年荀子墓已形成新的格局。荀子写有《正名》，我们要为荀子正名，我尊称荀子为"智圣"，"至圣、亚圣、智圣"三圣并列，比较恰当。荀子不仅系统发展了孔子礼教学说，而且首创了中国社会学；其社会管理学可以为今天社会建设提供颇多的大智慧，对于我们处理好社会阶层、民族、宗教、行业之间的关系有直接启迪作用。但是荀学被冷落已久，相关研究者和作品都不多。近些年开始出现复兴的新气象，有学者提出"新荀学"的概念，令人振奋。不过历史上扬孟抑荀的偏见对今人仍有影响，社会人士对《荀子》一书比较陌生，新荀学的兴盛需要有志者加以大力推动。

我于2018年秋起苦读《荀子》三十二篇，为了正本清源，便手抄全书，一边抄读一边解注，反复数遍，务求准确理解和读出新意。在此过程中，我受到冯友兰师和费孝通先生两位大思想家的启示。冯先生在《中国哲学简史》中对孟子、荀子有几句定评："儒家的理想主义派：孟子"，"儒家的现实主义派：荀子"，"孟子说人皆可以为尧舜，是因为人本来是善的；荀子论证涂之人可以为禹，是因为人本来是智的"，"我相信，《礼记》各篇大多数是荀子门人写的"，冯友兰自觉地超越了"扬孟抑荀"的历史成见，指明二人各具特色，又点出荀学与《礼记》的血肉联系，皆发前人之未发。我又参阅费孝通先生《中华民族多元一体格局》所构建的当代社会学框架体系，认识到荀子的群学就是最早的社会学，他讲人能"群"，因为有"分"，分而能行在于"义"，所以荀子礼义之说的出发点是"群"，即人的群体性。于是我对荀学进行分析、评述，回顾了荀学的历史，提炼出荀子的群学十项要义，并进而探讨新荀学的新结构，在"新荀学与新经学"一节中还大胆提出中华新的核心经典"六典五经"说和"九典五经"说以及新经学若干构想。我写这本书，目的是从社会学的角度重新考察荀学及其当代价值，参与荀学的讨论，为构建新荀学大厦添砖加瓦，希望得到学界朋友的批评指正。

2019 年春夏之交

目　录

一、荀学的历史

（一）荀学在历史上几起几落

　　孔子、孟子、荀子是使儒学创建并成为显学的先秦三位代表性儒家人物。孔子在"祖述尧舜，宪章文武"的基础上集三代之大成，创立了仁礼之学，确立了中华民族发展的人本主义精神方向，成为万世师表，大成至圣先师；孟子用居仁由义发展了孔子仁学，以仁政讲民生主义，以民贵君轻论讲民权主义，用养浩然正气讲心性之学，《孟子》一书逐渐从子学升为经学，影响宋以后中国社会，孟子成为亚圣；荀子生活在战国百家争鸣时代，三次为齐国稷下学宫"祭酒"，综合诸子而侧重于礼治之道，以礼主法辅论发展了孔子礼学，对后世礼义之邦的制度建设做出了重大贡献。

从对社会生活的影响力而言，孟子是先轻后重，荀子是实重名轻。荀子名况，字卿，又称孙卿。战国时期的荀子作为稷下学宫的领袖受到学界尊敬，是不言而喻的。司马迁在《史记·孟子荀卿列传》中说：荀况"年五十始来游学于齐……田骈之属皆已死。齐襄王时，而荀卿最为老师"；在《史记·儒林列传》中说：孟子与荀子"咸遵夫子之业而润色之，以学显于当世"。这是荀学兴盛的第一个时期。

但好景不长。战国七雄以富国强兵为务，崇尚法家，人君轻视孟学，"以为迂远而阔于事情"（《史记·孟子荀卿列传》）。秦国经历商鞅变法而为七雄之冠，逐渐显露出重法轻儒的倾向，荀学的礼法并举之学不合秦王口味，至秦王政专用韩非、李斯法家，进行统一六国的战争。荀子生前已觉察到暴秦之失，而自己不得志于列国，忧虑天下将乱，只能把希望寄托于未来。他游学齐、秦、赵、楚，而定居于兰陵。《荀子·尧问》记载荀卿弟子之言："为说者曰：'孙卿不及孔子。'是不然：孙卿迫于乱世，鳍于严刑，上无贤主，下遇暴秦，礼义不行，教化不成，仁者绌约，天下冥冥，行全刺（讥）之，诸侯大倾。当是时也，知者不得虑，能者不得治，贤者不得使。故君上蔽而无睹，贤人距而不受。然则孙卿怀将圣之心，蒙佯狂之色，视（示）天下以愚。《诗》曰：'既明且哲，以保其身。'此之谓也。是其所以名声不白，徒与不众，光辉不博也。今之学者，得孙卿之遗言余教，足以为天下法式表仪。所存者神，所过者化。观其善行，孔子弗过，世不详察，云非圣人，奈何！天下不治，孙卿不遇时也。"由此可见，荀派有识之士已视荀子为圣人，只是荀子遭遇战乱，又无明主，故不得展其才智，只得隐居而避祸。此篇荀子师徒对暴秦的批判，正中秦国必亡之祸根，即汉代贾谊《过秦论》所说"仁义不施，而攻守之势异也"。秦始皇焚书坑儒，先秦儒学与经典遭受了一场浩劫，孔孟荀之学皆在劫难中。唐代诗人章碣《焚书坑》诗曰："竹帛烟销帝业虚，关河空锁祖龙居。坑灰未冷山东乱，刘项原来不读书。"讽刺秦始皇焚书坑儒，以为绞灭士人便可安宁，事实上由于严法酷刑而失去民心，起来造反的首先是民间的被压迫群体。

从汉朝到宋元明清，荀学实重而名轻，有时被看重，有时被贬抑。荀学有狭义与广义之分：狭义荀学指对《荀子》一书的整理诠注研究，广义的荀学是指对荀子学派整体思想及其社会影响的解释及研究。

1. 狭义荀学的起落

汉兴，武帝罢黜百家、表彰六经，儒家经学列为官学，主导社会意识形态。文帝时《孟子》列于学官，而《荀子》仍是子学。《荀子》一书虽在社会上流传，但未能受到应有重视。原因之一是《荀子》视天为自然之天，与主流的天人感应说不相符合。刘向整理古籍，校定《荀子》，称《孙卿新书》。刘向《叙录》说："所校雠中孙卿书凡三百二十二篇，以相校，除复重二百九十篇，定著三十二篇。"但研究者稀少。直至中晚唐时，杨倞首次为《荀子》作注，调整篇次，被视为范本。杨倞在序言中说：荀子是"名世之士，王者之师"，《荀子》一书"羽翼六经，增光孔氏，非徒诸子之言也"。这是汉以来学界对荀子及其书的最高评价。与杨倞同时代的韩愈，在《读荀》一文中说："始吾读孟轲书，然后知孔子之道尊，圣人之道易行"，"晚得扬雄书，益尊信孟氏。因雄书而孟子益尊，则雄者，亦圣人之徒欤！""及得荀氏书，于是又知有荀氏者也。考其辞，时若不粹；要其归，与孔子异者鲜矣：抑犹在轲雄之间乎？"他的结论是："孟氏醇乎醇者也；荀与扬，大醇而小疵。"韩愈肯定荀子对于传扬孔子之道的贡献，但认为荀子不如孟子纯粹。他的言论既引起世人对《荀子》的重视，又开启了扬孟而抑荀的先河。

宋代理学兴，程朱褒扬孟子而贬损荀子，朱熹把荀子和商鞅、韩非归为异端，叫学生"不须理会荀卿"（《朱子语类》第一三七卷）。于是荀学跌入低谷。

清代中叶，始有一批学者为《荀子》作注。其中王先谦《荀子集解》最为著称。近代思想家中不乏称颂荀子者，如严复在《天演论·群治》按语中肯定荀子制天命而用之的思想，与达尔文进化论相对照，提倡"尚力为天行""争天而胜天"，目的是"鼓民力""自强保种"。章太炎在《訄书·订孔》中说："荀况学过孔子"，并认为其"正名"可与西方逻辑学相媲美。攻击荀学最强烈者是谭嗣同，他一方面写《仁学》，赞美孔子"黜古学，改今制，废君统，倡民主"，给予儒家仁学以新时代精神的解释，讲"仁以通为第一义"，主张开放包容；另一方面又把荀学与秦政相提并论，说："二千年之学，荀学也，皆乡原也"，把荀学与暴秦相提并论，谓之"乡原工媚大盗"。

20世纪前期，学界研究荀子者，可以胡适、梁启超、冯友兰为代表。胡适认为《天论》《解蔽》《正名》《性恶》四篇是荀卿的精华所在，荀子的哲学思想是用老子"无意志的天"来改正儒家、墨家的"赏善罚恶"的有意志的天；同时又能免去老庄天道观念的安命守旧，与培根"戡天主义"相似，其推崇"人为"过于"自然"为一大哲学特色。（《中国哲学史大纲》上）梁启超认为荀子与孟子同为儒学大师，荀子性恶论与孟子性善说殊途同归。梁氏赞同荀子的社会起源论，与唯物史观派相近。（《先秦政治思想史》）冯友兰认为荀子法后王与孟子法先王是一回事。孔子所言天为主宰之天；孟子所言天有时为主宰之天，有时为运命之天，有时为义理之天；荀子所言之天则为自然之天，其中并无道德之原理。荀子的"虚壹而静"采老庄之说而加以修正变化。（《中国哲学史》）以上三人都采用了来自西方的哲学唯物自然观并相信人的主观能动性，因而给予《荀子》以现代性的较好评价。冯友兰于1947年写的《中国哲学简史》，从一个新的角度评价孟子和荀子，称孟子为"儒家的理想主义派"，称荀子为"儒家的现实主义派"，孟荀之别不再是高低不同而是特色有异。

在集注方面，民国时期梁启雄《荀子简释》，集以往诸家之注而选择之，并推出己意，有益读者读懂读通《荀子》。当代则有章诗同《荀子简注》、廖名春《荀子新探》，更便于今人阅读。

近代与当代自觉用历史唯物主义为指导研究中国史和思想史的学者，均给予荀子以较高评价。郭沫若在《十批判书》（写于1945年，由人民出版社于1954年出版）中认为："荀子是先秦诸子中最后一位大师，他不仅集了儒家的大成，而且可以说集了百家的大成的。汉人所传的《诗》《书》《易》《礼》以及《春秋》的传授系统，无论直接或间接，差不多都和荀卿有关"，"荀子的文章颇为宏富"，"在先秦诸子中，能够显明地抱有社会观念的，要数荀子，这也是他的学说中的一个特色。他是认定了群体的作用的，认为'能群'是人类所以能够克服自然界而维持其生存的主要的本领；群之所以能够维持是靠着分工；分工的依据就是礼义"，"汉武以后学术思想虽统一于一尊，儒家成了百家的总汇，而荀子实开其先河"。（《十批判书·荀子的批判》）范文澜认为从孔子畏天命到老庄的任自然，各学派中只有荀子能正确地说明人与自然界的关系，《天论》是诸子书中最有积极意义的也是唯物论思想最显著的一篇著作。(《中国通史》第一册）侯外庐认为荀子是中国古代思想的综合者，唯物主义思想家，他扩大了礼的含义，接近于法。(《中国思想通史》第一卷）改革开放后不久，任继愈主编《中国哲学发展史》先秦卷中"荀子的唯物主义哲学思想"一章由孔繁撰写。他打破"文革"中讲儒法斗争的"极左"政治框架，用唯物史观重新评价荀子，其各节题目是："一、以法治充实礼治；二、唯物主义自然观；三、唯物主义认识论；四、唯物主义逻辑思想；五、性恶论；六、音乐思想和诗赋；七、荀子在中国哲学史上的地位。"作者指出："荀子是我国先秦时期地主阶级集大成的思想家。他通过对先秦各家各派的政治、哲学学术思想进行批判和总结，完成了他的唯物主义的哲学体系和进步的政治历史学说。"这种评价在当时学界是有代表性的，尽管在理论方法上仍有其局限性。不足处如：在突出荀子的《天论》的同时，对于《礼论》的价值未予充分估量。

2. 广义荀学的起落

荀子对儒学的最大贡献在于使礼文化系统化、理论化，从而促成了礼经的形成与礼制的建设，为中华礼义之邦提供了丰富的文化资源。经历了秦火之后，汉代在抢救先秦礼典的同时大力提倡礼学，继承和发扬周公制礼作乐的传统，在制度层面创制新礼，落实孔子"导之以德，齐之以礼"和荀子"礼主法辅"的治国理念，使国家能长治久安。在这个过程中，荀子学派的贡献远远超过孟子和其他学派而居儒家之首。传世的"三礼"，《仪礼》是周代流传下来的礼书，侧重于仪节的描述，冯友兰称之为"当时所行的各种典礼程序实录"（《中国哲学简史》）；《周礼》即《周官》，其年代在学界有争议，或是战国或更晚的儒者对官制的较为系统的设计，对后代朝廷机构设置有直接影响；《礼记》主要是战国末荀子学派的一群学者的集体创作。冯友兰说："我相信《礼记》各篇大多数是荀子门人写的"（《中国哲学简史》），这很有见地，荀子礼学最发达，才能出现《礼记》这样上乘作品，其思路与荀子礼论高度契合。朱伯崑说得更具体："《礼记》并非戴圣、戴德所作，而是一部讲礼的论文集，收集了由战国到汉初儒家讲礼的著作。各篇的年代，大部分已不可考。就其内容看，包括了思孟和荀子两派的著作，其中与荀子一派关系比较密切。有些篇直抄《荀子》，或在文字上稍有修改。如《大戴礼记》中的《三本》出于《荀子·礼论》，《劝学篇》即《荀子·劝学》。《小戴礼记》中的《三年问》即《荀子·礼论》的一部分，《乐记》与《荀子·乐论》部分相同。这些篇章都出自荀子后学之手。《礼记》中的许多篇，可以作为孟、荀之后儒家思想发展的史料，特别是荀子学派讲礼的史料。"（朱伯崑：《先秦伦理学概论》，北京大学出版社1984年版）以《礼记》为主的三礼之学在整个汉代都很繁荣，说明荀子礼学主导了当时的礼文化，只是荀子的名声不如孔子、孟子，这和当时的人们不习惯于荀子严密论证的思维方式有关。汉代儒家经学有今文学派与古文学派之争。冯友兰认为"今文学派是儒家理想派即孟子一派的继续"，"古文学派是儒家现实派即荀子一派的继续"。（《中国哲学简史》）由于孔子、孟子、荀子三大思想家的理论互动与共同作用，其智慧辐射到社会生活各个层面，中华民族在汉代真正成为礼义之邦，尤其"五常""八德"成为中国人现实中的道德规范，出现盛世气象，中华文明达到一个新高度。还应当指出的是，荀子《天论》所展现的自然主义宇宙观。无神论思想和对鬼神之道的宽容，在汉代也产生了重要影响。如东汉王充写《论衡》，以"疾虚妄"为己任，批判天人感应和世俗迷信。其自然观来于荀子《天论》；其重祭祀来源于《礼记》。王充坚信无鬼神，但《论衡·祭意》又肯定："祭祀之义有二：一曰报功，二曰修先。报功以勉力，修先以崇恩；力勉恩崇，功立化通，圣王之务也。"

魏晋南北朝政治分裂，道教兴起，佛教传入，儒道佛三教关系的协调处在探索初期。但以《礼记》为首的三礼之学仍然受到南北朝各地方政权的重视，礼文化成为中华民族共同体的强而有力的纽带。

唐代是盛世，在学术层面是佛强儒弱，但在制度层面却是儒家礼义文化得到很好践行，五经成为科举必读书，礼义之邦的文明光辉照耀到东亚和西域。

宋元之后直到清代，程朱理学兴旺并主导国家意识形态，在表面上排贬荀学，在事实上却推崇四书超过五经，而《大学》与《中庸》正是荀门礼论的产物，因此，荀学放射出前所未有的光辉。

孙中山领导辛亥革命，推翻帝制，建立民国，提出三民主义，提倡新八德（忠、孝、仁、爱、信、义、和、平），要走中西融合、建设现代中国之路。但孙中山早逝，袁世凯复辟帝制失败后军阀混战。文化上激进主义和西化派占主流，提出"打倒孔家店"的口号，孔、孟、荀皆在被扫除之列，儒家经学变成国故，不再提供价值。虽有包括当代新儒家在内的一批学者呼喊建言，仍不能挽回儒学衰微的大局。

"文革"是中华文化的一场浩劫，"批林批孔"运动中孔孟儒学首当其冲。只有荀学在被扭曲情况下得到所谓"表扬"。"四人帮"搞儒法斗争，认为法家是进步的、革新的，儒家是反动的、复古的。孔子代表"奴隶主贵族"，杀害法家少正卯，向革新者示威。荀子则是法家。《儒法斗争简史》（天津第四棉纺织厂、天津百货大楼、南开大学哲学系编写，1975 年 1 月）说："荀况坚决反击了儒家利用所谓'先王'鼓吹复古逆流。他从巩固发展封建制度的立场出发，响亮地提出'法后王'的口号。'法后王'就是效法当今，实行地主阶级的法治，反对奴隶主阶级的'礼治'。"当时紧跟形势的老学者赵纪彬在《关于孔子诛少正卯问题》（人民出版社1973 年版）中说："先秦思想战线上的儒法斗争过程，是从孔夫子诛少正卯到秦始皇焚书坑儒。此一思想史过程，反映人民（烝民和小人）斗争的伟大胜利，社会历史从奴隶制到封建制的伟大发展。"

"四人帮"搞"批林批孔批周公",意在批判周总理,为继续推行以阶级斗争为纲的路线扫除障碍,不惜歪曲历史,胡编乱造。在他们的反理性的话语里,忠实于孔子礼义之道的荀子竟成了儒家的"叛逆者"和秦始皇的同路人,丝毫不顾及荀子礼主法辅的论述和对暴秦的批判。表面上是"推崇"荀子,实际上是抹黑荀子,硬是给荀子穿上助纣为虐的外衣,使荀子以反面形象出现,这是比历史上荀子受冷落乃至被责难还要糟糕的事情。这时候无论是小荀学(以《荀子》一书为学问)还是大荀学(以荀子学派为学问),都遭到大灾大难。在评法批儒运动中,郭沫若的《十批判书》受到关注。郭老在书中对孔子、孟子、荀子的仁爱礼义之学予以了赞扬,同时在《吕不韦与秦王政的批判》中斥责了秦王政的残暴独裁,肯定了吕不韦主编的《吕氏春秋》对暴秦的批判,说:"它(《吕氏春秋》)的每一篇每一节差不多都是和秦国的政治传统相反对,尤其是和秦始皇后来的政见与作风作正面的冲突。吕不韦可以说是秦始皇的死对头,秦始皇要除掉他是理所当然而势所必然。"显然这些看法与评法批儒运动恰相对立,于是《十批判书》便遭到了点名批判。好在时间不长，随着"四人帮"的倒台和"文革"的结束，儒法斗争的影射史学也退出历史舞台。历史留给后人的任务，就是在吸收世界各种思想史理论积极成果的同时，自觉摆脱形形色色的不合乎中国思想史实际的理论框架，给予孔子孟子儒学以正确定位，传承其大智慧，为中国现代化建设提供民族精神文化支撑，加强道德中国、和谐世界建设。就荀学而言，我们要从荀学的实际和历史出发，重新研究荀学，还其本来面貌，进行当代转型，为中华文化的伟大复兴做贡献。由于荀学久受冷落，又受歪曲，一些习俗成见一时难以完全消除，新荀学研究面临种种挑战，可以说新荀学需要学者具有空前开拓精神，新荀学研究任重而道远。

（二）孔、孟、荀比较

孔子、孟子、荀子作为创建儒家学派并使之主导中华文明两千余年的三位代表性人物，其地位都超过了大贤而达到圣人的境界。孔子已被世人公推为至圣，孟子稍后也被世人颂为亚圣，荀子只是贤者且常常被曲解，现今应据实称之为智圣，他是当之无愧的，因为他推动礼义文化之智慧与功绩超出了孔子、孟子。

　　孔、孟、荀的共同点是都"祖述尧舜，宪章文武"，集三代之大成；都彰显仁礼之道，使中华文明早熟。但三人又有不同。从气象和性格来看，孔子平和，仁厚博施，是仁者型圣人；孟子耿爽，浩然气正，是勇者型圣人；荀子严谨，邃密群科，是智者型圣人。从《论语》《孟子》《荀子》三典所体现的教化风格而言，孔子是启悟式，举一反三，画龙点睛，言简意赅；孟子是雄辩式，在对话中高扬仁义，以德抗位，英气风发，多长篇宏论；荀子是论证式，自设宾主，自问自答，步步推理，逻辑严密。在学问的具体观点上，三圣各有侧重或殊途而进。如孔子提出仁礼之学的整体构架，以仁为本，以礼为行，而未及展开；孟子着重发挥孔子的仁学，仁义并举，居仁由义，且施以仁政，关注民生；荀子着重发挥孔子的礼学，礼义并举，礼主法辅，义利并重。又如孔子提出"性相近，习相远"，点明有共同人性，而后天积习形成的巨大差异，却未及论说；孟子主性善说（实际是人性趋善说），强调"四端"（恻隐之心、羞恶之心、辞让之心、是非之心）本有，扩而充之为圣人；荀子主性恶论（实际是人性趋恶论），强调利欲私心本有，自然发展必为恶。再如孔子弟子和私淑弟子众多，他有教无类，不立门派；而孟子辟杨墨（杨朱、墨子），有学派成见；荀子则辟思孟（子思、孟子），认为其非孔子正统。关于孟子与荀子之间的同异，及孟学、荀学在后世之冷热，如梁启雄在《荀子简释·自叙》中所说："孟子言性善，荀子言性恶；孟子重义轻利，荀子重义而不轻利；孟子专法先王，荀子兼法后王；孟子专尚王道，荀子兼尚霸道；二子持义虽殊，而同为儒家宗师，初无判轩轾也。汉文帝时，孟子列于学官，立博士传授，推崇有加，而荀子以与孟子微异其撰，既扬孟必抑荀，轩轾之判，自此始矣！且先秦旧籍，多赖汉儒笺注以行世；《孟子》有赵岐为之注，以是传诵者众，而《荀子》则阙如也。兼斯二因，遂使《荀子》弃置高阁，垂九百余载。"

我们再看朱熹《四书章句集注》对孔、孟、荀的评论。《论语集注》前有《读论语孟子法》，引程子曰："学者当以《论语》《孟子》为本。《论语》、《孟子》既治，则六经不治可明矣。读书者当观圣人所以作经之意，与圣人所以用心，圣人之所以至于圣人，而吾之所以未至者，所以未得者。句句而求之，昼诵而味之，中夜而思之，平其心，易其气，阙其疑，则圣人之意可见矣。"程子曰："孔子言语句句是自然，孟子言语句句是事实。"由此可知，程朱对孔子、孟子的推崇，对《论语》《孟子》的钦佩，在他们看来，孔孟之道已止于至善。《孟子集注》前有《孟子序说》，引程子曰："孟子有功于圣门，不可胜言。仲尼只说一个仁字，孟子开口便说仁义。仲尼只说一个志，孟子便说许多养气出来。""孟子有大功于世，以其言性善也。"引杨氏曰："《孟子》一书，只是要正人心，教人存心养性，收其放心。至论仁、义、礼、智，则以恻隐、羞恶、辞让、是非之心为之端。……千变万化，只说从心上来。人能正心，则事无足为者矣。《大学》之修身、齐家、治国、平天下，其本只是正心、诚意而已。"由此可知，程朱称赞孟子之功，一是仁义并举，二是道性善，三是存心养性，此三者乃是孟子对孔学的创新发挥之处。

至于《大学》一篇，按朱熹《大学章句序》说法，《大学》乃"曾氏之传独得其宗"。开篇又引程子曰："《大学》，孔氏之遗书，而初学入德之门也。"朱子说："于今可见古人为学次第者，独赖此篇之存，而《论》、

《孟》次之。"总之，朱子认为《大学》出于孔子，由曾子传于世。再说《中庸》，朱子在《中庸章句序》中说："中庸何为而作也？子思子忧道学之失传而作也。"开篇引程子曰："不偏之谓中，不易之谓庸。中者，天下之正道，庸者，天下之定理。"然后朱子说："此篇乃孔门传授心法，子思恐其久而差也，故笔之于书，以授孟子。其书始言一理，中散为万事，末复合为一理，'放之则弥六合，卷之则退藏于密'，其味无穷，皆实学也。善读者玩索初有得焉，则终身用之，有不能尽者矣。"朱子视《中庸》为孔门传授心法，即儒学精华之精华，评价可谓高矣。现在的问题是：《大学》是孔子之言而由曾子传于世吗？《中庸》是孔子所授而由子思笔之于书吗？程朱的考证都颇为简略而不能使人心服。按照大荀学的看法，《大学》与《中庸》作为《礼记》中的两篇极有可能是孔门之后包括荀子学派学者参与写作的，其思想观念与《荀子》礼义德操、修身治国之论相符合，孔、孟、荀的后学由分而合，分工合作撰写《礼记》的可能性很大。程朱对《大学》《中庸》的褒扬，也是对大荀学的褒扬。由于程朱突出说明了此两篇的独创，与《论语》《孟子》形成优势互补，于是才有四书及其对后世的巨大影响。

应当指出，朱子慧眼识典，从《礼记》中选取《大学》与《中庸》，意义非凡。先秦原典中，哲学思维水平出众的首推《老子》《易传》《大学》《中庸》。《老子》首次提出"道"作为宇宙发生的根源和天地万物生生不息的总生机。《易传》用阴阳相生、刚柔相推解说宇宙的变化，并强调"日新""与时偕行"。《大学》提出大人之学的"三纲领八条目"，确立了人生哲学的价值追求目标，即"修、齐、治、平"，提出推己及人的"絜矩之道"，朱子发挥其"格物致知"之义，曰："所谓致知在格物者，言欲致吾之知，在即物而穷其理也。盖人心之灵莫不有知，而天下之物莫不有理，惟于理有未穷，故其知有不尽也。是以《大学》始教，必使学者即凡天下之物，莫不因其已知之理而益穷之，以求至乎其极。至于用力之久，而一旦豁然贯通焉，则众物之表里精粗无不到，而吾心之全体大用无不明矣。"这就是儒家哲学最早的认识论。《中庸》讲"执两用中"的中庸之道，发挥"不诚无物""至诚如神"的诚学，提出"君子尊德性而道问学，致广大而尽精微，极高明而道中庸"的人生境界说。两书都在哲学高层次上给予孔子仁礼之学和孟子仁义之学以理论的支撑，朱子把《大学》与《中庸》列入四书，并置于《论语》《孟子》之前是有道理的。我要补充的是：《大学》与《中庸》里到处可以见到荀子思想的光辉。两书在"仁且智"中突出"智"的重要性，前文所引朱子《大学格物补传》中强调人心之知和致知在格物，这是智圣荀子及其学派的特色。又如《大学》的"德者本也，财者末也"，"君子有大道，必以忠信得之，骄泰以失之"。《中庸》说的"事亡如事生，事亡如事存"，"子曰：'文武之政，布在方策。其人存，则其政举；其人亡，则其政息。'""仁者人也，亲亲为大；义者宜也，尊贤为大"。这些观点在《荀子》书中都有。程朱理学是儒家哲学的一个高峰，其缘由除了吸收道学和佛学营养而外，阐发《大学》与《中庸》的哲理也是一个重要的原因。这里还要特别提及的是，理学家所认定的尧舜禹相传的十六字心法："人心惟危，道心惟微，惟精惟一，允执厥中"（见于伪《古文尚书·大禹谟》），实源于《荀子》。当代大儒张岱年指出："自宋儒程朱以来，所认为最可宝贵的十六字'人心惟危，道心惟微，惟精惟一，允执厥中'，据他们说，真是五千年前惟一的文化渊源了。但我们若寻它的出处，便知是从《荀子·解蔽篇》《论语·尧曰篇》的几句话凑缀而成的。《解蔽篇》引道经曰：'人心之危、道心之微'，《尧曰篇》述尧命舜之言曰：'允执其中'，伪造者把二处的话联缀一处，把'之'字改为'惟'字，加上一句'惟精惟一'，便成了十六字传心秘诀，其实哪里真有这回事呢？"（张岱年：《中国哲学史方法论发凡》，中华书局1983年版，第169页）我们且不说十六字从史料考辨上看伪不伪，仅就它在宋明道学中起的巨大精神指导作用而言，就是很了不起的了，这是历史的客观实在。于此可见荀子对儒家哲学贡献之巨大，程朱未能自觉意识到这一点，并不妨碍荀学在事实上的历史价值。

（三）荀子与诸子百家

我们说孔子集三代之大成，那么荀子则是集先秦百家之大成。当然荀子的综合继承是有主线、有选择、有批判的，由此形成了他与诸家之间的复杂关系。《荀子》书中有《非十二子》一篇，集中表述了荀子对百家中六个学派的批判。其一，"纵情性，安恣睢，禽兽行，不足以合文通治；然而其持之有故，其言之成理，足以欺惑愚众。是它嚣、魏牟也"。这一派主张纵欲、任己，容易为放荡不羁者所信奉，是荀子坚决反对的，斥之为"禽兽行"。其二，"忍情性，綦谿利跂，苟以分异人为高，不足以合大众，明大分；然而其持之有故，其言之成理，足以欺惑愚众。是陈仲、史鳅也"。这一派与上一派正相反，抑制情性，离世独立，只求与别人不同，自命清高。荀子认为，这一派抹杀人的自然情性，脱离大众的日常生活和社会普遍规范，也是应当反对的。其三，"不知壹天下建国家之权称，上功用，大俭约而慢差等，曾不足以容辨异，悬君臣；然而其持之有故，其言之成理，足以欺惑愚众。是墨翟、宋钘也"。这一派的墨子与宋钘本不是一个学派，但在荀子看来，二人主张大同小异，即都过于强调节俭而不要社会在生活上礼仪上有任何差异和等级，因此也是行不通的。其四，"尚法而无法，下修而好作，上则取听于上，下则取从于俗，终日言成文典，反纠察之，则倜然无所归宿，不可以经国定分；然而其持之有故，其言之成理，足以欺惑愚众。是慎到、田骈也"。这一派表面上尚法，实际上无法，整日从上级和民间听取意见，在一些细小的问题上反复讲论和推敲，却对大经大法熟视无睹，他们的主张没有主导，不能治国明分，是不切实用的。其五，"不法先王，不是礼义，而好治怪说，玩琦辞，甚察而不惠，辩而无用，多事而寡功，不可以为治纲纪；然而其持之有故，其言之成理，足以欺惑愚众。是惠施、邓析也"。这一派即名家，不讲先王之道，不重礼义之行，专在名词概念上玩花样，其察知毫无实惠，其辩说亦无价值，徒费功夫，而无益于治国之道。荀子对名家是极为反感的，他的正名与名家不同，紧密结合礼义而讲以名指实，合于孔子原意。其六，"略法先王而不知其统，犹然而材剧志大，闻见杂博。案往旧造说，谓之五行，甚僻违而无类，幽隐而无说，闭约而无解。案饰其辞而祗敬之曰：此真先君子之言也。子思唱之，孟轲和之，世俗之沟犹瞀儒嚾嚾然不知其所非也，遂受而传之，以为仲尼、子游为兹厚于后世。是则子思、孟轲之罪也"。这是荀子对儒家内部思孟学派的批判，他肯定子思、孟子法先王、崇孔子、倡五行（即五常），但指责思孟学派志大才疏，杂博无纲领，臆造诸说，怪诞神秘，不可通晓，使俗儒随之唱和，以为是孔子、子游（言偃）之所传，这是子思、孟轲对世人的误导。荀子对思孟学派的批判是严厉的，甚至是过火的。他不得不承认子思、孟子法先王、承孔子，但觉得他们任意发挥，主线不清；事实上思孟是创造性发展了孔子儒学，在思路上与荀子有同有异，应当加以包容。孟荀同处，如孟子讲诚，讲居仁由义，荀子亦讲"君子养心莫善于诚"、"唯仁之为守，唯义之为行"（《不苟》）；两人都讲"行一不义，杀一无罪，而得天下，不为也"（《儒效》）；两人都法汤、武而斥桀、纣，荀子谓"汤、武者，民之父母也，桀纣者，民之怨贼也"（《正论》）；两人都讲仁政、制民之产，荀子仿孟子，谓"不富无以养民情，不教无以理民性，故家五亩宅，百亩田，务其业而勿夺其时，所以富之也。立大学，设庠序，修六礼，明七教，所以导之也"（《大略》）。当然，孟荀之间所异亦多，如孟子道性善，荀子论性恶（荀子《性恶》篇对孟子有批判）；孟子讲天命，荀子讲自然；孟子重心性，荀子重礼法；孟子倡王道批霸道，荀子虽倡王道，却兼尚霸道；等等。在《非十二子》中，荀子唯一全盘肯定并颂扬的是孔子和子弓之学，说："今夫仁人也，将何务哉？上则法尧、舜之制，下则法仲尼、子弓之义，以务息十二子之说，如是则天下之害除，仁人之事毕，圣王之迹著矣。"可是荀子未能觉察到的是：其一，只要效法孔子，就无法全盘否定孟子；其二，诸家之说虽有偏，仍不宜压制，没有争鸣则儒学也会没有生命活力。在《解蔽》中，荀子说："墨子蔽于用而不知文（墨子只讲实用而不懂文饰），宋子蔽于欲而不知得（宋钘只看到欲望之害而不懂道德的调剂），慎子蔽于法而不知贤（慎到只知法制重要而不懂法需要贤者执行），申子蔽于势而不知知（申不害只知势位重要而不懂智慧更重要），惠子蔽于辞而不知实（惠施善于辞辩而不懂现实强于巧言），庄子蔽于天而不知人（庄子注重自然规律却忽略了人的作用）。"荀子这一段对诸子的评判，比《非十二子》又进了一步，或者说比较深刻精准，尤其对庄子的批评讲到了关键之点，即庄子重天道而轻人道，不利于发挥人的主观能动性，而荀子却要"制天命而用之"（《天论》）。

这里还有荀子与法家韩非、李斯及秦国的关系问题。实际上，荀子是隆礼重法、明德慎罚的儒家，不是唯法主义的法家。《议兵》记载李斯与荀子的对话："李斯问孙卿子曰：'秦四世有胜，兵强海内，威行诸侯，非以仁义为之也，以便从事而已。'孙卿子曰：'非女所知也。女所谓便者，不便之便也。吾所谓仁义者，大便之便也。彼仁义者，所以修政者也；政修，则民亲其上，乐其君，而轻为之死。故曰：凡在于军（君），将率末事也。秦四世有胜，諰諰然常恐天下之一合而轧己也，此所谓末世之兵，未有本统也。故汤之放桀，非其逐之鸣条之时也；武王之诛纣也，非以甲子之朝而后胜之也，皆前行素修也，此所谓仁义之兵也。今女不求之于本而索之于末，此世之所以乱也。'"李斯是荀子的学生，但他要辅佐秦王富国强兵，又看到秦国变法强大，便认为仁义不切实用，依法治国就行了，因此质问老师仁义是否是无用的。荀子回答说：秦国不用仁义修政，虽然四世连胜，军事强大，却无德政而来远人，不得不时时忧虑天下联合起来反秦，这样下去，不能持久，必然重蹈桀纣覆辙。这是对李斯的劝告，也是对秦王的提醒。后来历史证实了他英明的预见。《强国》篇记载荀子入秦考察后与秦相应侯范雎的对话："应侯问孙卿子曰：'入秦何见？'孙卿子曰：'其固塞险，形势便，山林川谷美，天材之利多，是形胜也。入境观其风俗，其百姓朴，其声乐不流污，其服不挑，甚畏有司而顺，古之民也。及都邑官府，其百吏肃然，莫不恭俭敦敬忠信而不楛，古之吏也。入其国，观其士大夫，出其门，入于公门，归于其家，无有私事也；不比周，不朋党，倜然莫不明通而公也，古之士大夫也。观其朝廷，其朝闲，听决百事不留，恬然如无治者，古之朝也。故四世有胜，非幸也，数也。是所见也。故曰：佚而治，约而详，不烦而功，治之至也。秦类之矣。虽然，则有其諰矣。兼是数具者而尽有之，然而悬之以王者之功名，则倜倜然其不及远矣。是何也？则其殆无儒邪。故曰：粹而王，驳而霸，无一焉而亡。此亦秦之所短也。'"荀子充分肯定秦国治理上的成绩，从朝廷，到士大夫，到官吏，到民众，都能安分守职、秩序井然，故能聚国力、强军事，四世有胜战，这是秦国的优势。但荀子也看到秦国的重大缺陷，就是没有儒者参政，非唯不懂"义立而王"的王道之政，亦且够不上"信立而霸"的霸道之治（见《王霸》），故秦距王者之功名"其不及远矣"。荀子不认同秦国的唯法治国方略，因此提出警告，但秦王与应侯是听不进去的。《尧问》一篇记载荀子弟子对老师的崇敬，认为"孙卿之遗言余教，足以为天下法式表仪"，只是"孙卿不遇时也"，在讲到当时世情时，说："孙卿迫于乱世，鰌（迫）于严刑，上无贤主，下遇暴秦，礼义不行，教化不成"，直指秦为"暴秦"，表明荀子对统一六国前的秦国的看法，是相当严厉的。再说韩非，他是荀子的学生，先秦法家的代表，虽然受李斯排挤而死于秦，但其唯法主义却为秦采用。他把儒家列为"五蠹"之一，在《五蠹》中谓"儒以文乱法"，主张"以法为教""以吏为师"。他认为人性都是好利自私的，夫妻、父子、君臣之间只有赤裸裸的利害关系（《备内》），治理国家只有靠赏与罚两种手段："明主之所导制其臣者，二柄而已矣。二柄者，刑德也。何谓刑德？曰：杀戮之谓刑，庆赏之为德"（《二柄》），臣下为了求利避害，就会听从国君的指挥，国君就可以利用"法（成文法）、术（权术）、势（权位）"实行君主高度个人专制。这与荀子的重礼义的思想完全背道而驰，韩非背叛了他的老师。

荀子与诸子百家的关系不仅是否定批判性的，同时还是吸收综合性的，可以说是在批判的同时加以综合创新。他服膺孔子，把实行礼义、仁政的王道作为毕生奋斗目标，而且在礼文化上多有发挥。他对孟子言语上有严厉批判，事实上多方吸收，包括仁义、仁政、以诚养心等，在法先王、"祖述尧舜、宪章文武"上二者目标是一致的。在自然观上，荀子对于老庄"自然无为"之学是认同的，因此才有《天论》之作，"明于天人之分"，"天行有常，不为尧存，不为桀亡"，又讲"制天命而用之"，超出庄子"蔽于天而不知人"的局限。老子讲"致虚极，守静笃"，荀子据以发挥为认知主体的理想状态："人何以知道？曰：心。心何以知？曰：虚壹而静"，基本要求是"不以所已臧害所将受谓之虚"，"不以夫一害此一谓之壹"，"不以梦剧乱知谓之静"，也就是后人讲的虚心才能获得应有的知识。荀子反对唯法主义，却从法家吸收法治理念，用以充实礼治。"礼义生而制法度"，它们各有不同的功能："明礼义以化之，起法正以治之，重刑罚以禁之，使天下皆出于治、合于善也。"这样，荀子既超出孔子只讲德礼而不用政刑的局限，又超出法家忽视礼义只用法刑的偏向，后来盛世皆实行礼主法辅、德主刑辅的治国方略，使社会能长治久安，其源头在荀子的隆礼重法思想。荀子严肃批评惠施、公孙龙等名家的奇辞诡辩，但重视论说的逻辑性，写《正名》，强调"制名以指实，上以明贵贱，下以辨同异"，一定要名与实符，其论涉及逻辑学上的概念、推断、推理。荀子批墨家节用、非儒、非乐、明鬼，但他仍然认同墨子的非攻、兼爱、尚贤和颂禹等思想，书中虽未明引，却处处可看到墨子的观点。《淮南子·要略训》说："墨子学儒者之业，受孔子之术，以为其礼烦扰而不悦，厚葬靡财而贫民，久服（服丧）伤生而害事，故背周道而用夏政。"由此可知，儒墨是同源而异流，荀子采纳墨家许多学说就不奇怪了。还有齐国管仲学派结集而成的《管子》，主张礼德与法权并行，"德有六兴，义有七体，礼有八经，法有五务，权有三度"（《五辅》），不赞成严刑苛法，"刑罚不足以畏其意，杀戮不足以服其心，故刑罚繁而意不恐则令不行矣；杀戮众而心不服则位危矣"（《牧民》）；讲国之四维，"四维绝则灭"，"何谓四维？一曰礼，二曰义，三曰廉，四曰耻"（《牧民》）；讲富然后教，"仓廪实则知礼节，衣食足则知荣辱"（《牧民》），"明君兼爱以亲之，明教顺以导之，便其势，利其备，爱其力，而勿夺其时以利之，如此，则众亲上乡意，从事胜任矣"（《版法解》）。《管子》以上观点皆能与《荀子》相通而互补。朱伯崑在《先秦伦理学概论》第三节"荀况"中说："就伦理学来说，其（荀子）性恶论即来源于齐国的法家。如《管子·枢言》中的'人心之悍，故为之法'，'妻子具而孝衰于亲'，'爵禄盈而忠衰于君'等语，均为《荀子·性恶》所引。"

荀子对后来诸家的影响不只是儒家、法家，还有秦汉之际的道家，主要体现在《吕氏春秋》和《淮南子》两书之中。《吕氏春秋》成书于秦统一中国前夕，是吕不韦组织众多学者，按设定的大纲分工合作而写成的，它以道家为主导，大量综合儒、墨、名、法、兵、阴阳五行的思想，然后加以协调，目的是总结历史经验，为即将统一的秦帝国提供社会治理方案。由于它的政治设计是开明君主制，不符合秦王政的独裁欲念，不仅该书未得运用，吕不韦也因此而被秦王政迫害致死。荀子的思想对该书影响很大、很多，不能一一罗列，仅举一些显要的观点加以说明。该书《序意》讲其宗旨："古之清世，是法天地。凡十二纪者，所以纪治乱存亡也，所以知寿夭吉凶也"，因此必须"上揆之天，下验之地，中审之人"，只有合乎天、地、人的实情，才是真理。这一宗旨来源于老子"道法自然"，也直接受到孟子、荀子"天时、地利、人和"思想的影响。《吕氏春秋·贵公》说："天下非一人之天下也，天下之天下也"，反对"家天下"，其说恰与荀子"天之生民，非为君也；天之立君，以为民也"（《大略》）相契合。吕书强调治国要顺民心，兴民利，借民力，不可专恃威势刑罚，批评以严刑酷法为治的秦国政治。其《用民》说："用民有纪有纲。壹引其纪，万目皆起；壹引其纲，万目皆张。为民纪纲者何也？欲也，恶也。何欲何恶？欲荣利，恶辱害。辱害所以为罚，充也。荣利所以为赏，实也。赏罚皆有充实，则民无不用矣。"其《为欲》补充说："使民无欲，上虽贤犹不能用"，民之欲"三王不能革，不能革而者功成，顺其天也。桀纣不能离，不能离而国亡者，逆其天也"。这是建立在性恶论基础上的儒法结合的治国之论，一方面强调赏罚的重要，另一方面又强调顺民心、兴民利。荀子在《性恶》中说："人之性恶，其善者伪也"，人"生而有好利焉"，"生而有疾恶焉"，"生而有耳目之欲"，顺之则争夺而生乱，必须有"礼义法度"加以规范，《王霸》认为政令制度的作用就是顺民情而"兴天下之同利，除天下之同害"。这与吕书也是相通的。吕书重视农业生产并及工商业，其《上农》强调以农为本，认为农忙必不违农时，"当时之务，不兴土功，不作师徒，庶人不冠弁，娶妻嫁女享祀不酒醴聚众"。同时兼顾工商："凡民自七尺以上，属诸三官，农攻粟，工攻器，贾攻货。"《仲秋纪》还说："易关市，来商旅，入货贿，以便民事。"荀子《王制》亦强调发展农工商百业，官府分工加以管理：设司空之职管理水利，设治田之官管理农业，又有工师负责百工，有治市之官负责财货流通。其《富国》讲"节用以礼，裕民以政。彼裕民故多余，裕民则民富，民富则田肥以易，田肥以易则出实百倍。"其《大略》说："不富无以养民情，不教无以理民经。故家五亩宅，百亩田，务其业，而勿夺其时，所以富之也。立大学，设庠序，修六礼，明七教，所以导之也。"于此可知，吕书与《孟子》《荀子》的仁政富民之道是相通的。

《淮南子》是汉初淮南王刘安组织宾客编写的一部大书，是在黄老思潮影响下，综合汉初以前各家思想而创新构造的理论体系，以儒道互补为主轴，目的是给汉王朝提供长治久安的方略。高诱在《淮南子·叙目》中指出："其旨近老子，淡泊无为，蹈虚守静"，"其义也著，其文也富，物事之类，无所不载，然其大较，归之于道。"《吕氏春秋》与《淮南子》可以称为秦汉之际道家的姊妹篇，后者对于前者，在结构和形式上多有借鉴，在内涵上既有承接，又有拓展。就《淮南子》

与《荀子》的关系而言，其义理息息相通。其《要略》讲写书宗旨："夫作为书论者，所以纪纲道德，经纬人事，上考之天，下揆之地，中通诸理"，这与《吕氏春秋》的旨意相近，与《易传》的天地人三才之道和孟荀的天时地利人和之论一脉相通。《淮南子》书中多称颂尧、舜、禹、汤、文、武，赞美孔子的人格和事业，与孟子、荀子相同。其《泰族训》《原道训》《修务训》大力发挥荀子《修身》《劝学》的思想，强调后天道德教化。《泰族训》曰："凡学者能明于天人之分，通于治乱之本，澄心清意以存之，见其终始可谓知略矣。"此处直接用荀子"明于天人之分"，而"澄心清意"就是荀子的"虚壹而静"。荀子《劝学》说："君子之学，入乎耳，箸乎心，布乎四体，形乎动静。"《原道训》加以发挥："内不得于中，禀授于外而以自饰也，不浸于肌肤，不浃于骨髓"，"夫内不开于中，而强学问者，入于耳，而不著于心，此何异于聋者之歌也。"《修务训》说："世俗废衰而非学者多，言：'人性各有所修短，若鱼之跃，若鹊之驳，此自然者不可损益。'吾以为不然。""马，聋虫也，而可以通气志，犹待教而成，又况人乎。""智人无务，不如愚而好学。"讲到治国理政，

《本经训》说："古者圣人在上，政教平，仁爱洽，上下同心，君臣辑睦，衣食有余，家给人足，父慈子孝，兄良弟顺，生者不怨，死者不恨，天下和洽，人得其愿。"《主术训》说："食者，民之本也；民者，国之本也；国者，君之本也。"再看荀子，《王制》曰："故君人者，莫若平政爱民矣。"《富国》曰："下贫则上贫，下富则上富。"《成相》曰："尧让贤，以为民，泛利兼爱德施均。"两书皆讲平政爱民，皆重民生富足，皆以民为国本。以上数例，可证《淮南子》吸收《荀子》的思想是它把尧舜之道作为治国、教化和管理的重要资源的缘由之一，因为荀子的思想比较具体而讲究实际，容易为政治家所借鉴。

（四）荀子与中华礼义之邦

中华礼义之邦是从汉代开始的，其特点是尊崇儒学为国家指导思想，表彰六经，依据礼经和世情制定礼乐制度，贯彻于政治、教育和民俗，形成以"五常""八德"为基本规范的社会道德风尚，治国理政依规循制，多数人的社会行为礼貌有序，人与人之间讲究互敬互尊，体现出高度文明的水准，在亚洲国家中走在前面，为邻国所赞颂。荀子及其弟子与后学，对于古典礼经的诠释和礼义文化的多层面、多角度的阐扬，对于中华礼义之邦的形成起了重大作用。其"礼有三本"之说，"先仁后礼"之说，"乐和同礼别异"之说，"君子能宽容"之说，"四海之内若一家"之说，"政令制度"之说，"立君为民"之说，"隆礼重法"之说，到了汉代，不断落实为社会制度、经学学问与道德生活。东汉经师郑玄遍注群经，他的三礼（《周礼》《仪礼》《礼记》）注最为世所重，其特点是实用性强，为国家典制的修订提供经典依据，从而确定朝廷官制、郊天之礼、丧葬之礼。

南北朝时，国家分裂，但经学并未分裂，"《礼》则同遵于郑氏"，只是侧重点有异："南人约简，得其英华；北学深芜，穷其枝叶。"（《北史·儒林传》）南朝对"三礼"的重视不亚于北朝，马宗霍在《中国经学史》中说："经学之最可称者，要推'三礼'。故《南史·儒林传》说何佟之、司马筠、崔灵恩、孔佥、沈峻、皇侃、沈洙、戚衮、郑灼之徒，或曰'少好"三礼"'，或曰'尤明"三礼"'，或曰'尤长"三礼"'，或曰'通"三礼"',或曰'善"三礼"',或曰'受"三礼"'。"

北朝是当时处于游牧文化阶段中的北方少数民族政权,以强大军事力量入主中原,他们看到中原地区农业经济高度发达,礼乐文化非常繁荣,急切要成为中华礼义的继承者,十分热心于儒家经学教育和礼义制度的建设,故中华礼义之邦在魏晋南北朝未曾中断,中华文化共同体仍在延续。据《晋书·载记》,十六国时,刘曜(汉)立太学于长乐宫东,立小学于未央宫西,选青少年一千五百人,由明经笃学者加以教育。石勒(后赵)又复制五经博士和国子博士助教。慕容廆(前燕)以刘赞为东庠祭酒,命世子皝拜师受业,即位后,立东庠于旧宫,学徒至千余人。苻坚(前秦)仿效汉制,立明堂,郊祀苻洪以配天,宗祀苻健以配上帝,广修学宫,遣公卿以下子孙受业,亲临太学考查,问难五经,博士多不能对。姚兴(后秦)时,姜龛、淳于岐、郭高皆耆儒硕德,经明行修,各门徒数百,教授长安,诸生自远而至者,万数千人,儒风遂盛。据《魏书·儒林传》,北魏拓跋氏提倡儒学不遗余力,"太祖初定中原,虽日不暇给,始建都邑,便以经术为先,立太学,置五经博士生员千有余人。天兴二年春，增国子太学生员至三千人"。北魏孝文帝尤好儒典，"燕齐赵魏之间，横经著录，不可胜数"。其后东西魏、北齐、北周亦因循之。当时，教授经学的都是汉族学者，接受经学的主要是少数民族贵族子弟，而且人数庞大，经学以"三礼"之学为主。这是一种自上而下的儒家礼义文化洗礼。

隋唐时期，国家统一，以隋为过渡，至大唐帝国，经过唐太宗贞观之治，不仅国力强大，经济繁荣，而且礼义文教大行，民族关系和洽，社会思想活跃，文学艺术多彩，对外高度开放，有泱泱大国气度。儒学在理论层面不如佛学发达，但在经学统一、教育制度、治国理政等方面达到了汉代未曾有过的高度。一是编撰《五经正义》，统一经典注解；二是五经进入科举考试，体现公平规则，突破门第血统，鼓励少年读经习文，吸纳各族精英进入社会管理；三是撰修《贞观礼》《显庆礼》《开元礼》，吉、嘉、宾、军、凶五礼俱备；四是将儒家治国理念付诸实践，如以民为本、君舟民水（荀子最早提出），安不忘危、戒奢以俭，选贤任能、俊杰在位，兼听则明、从谏如流，重农薄赋、不夺其时，崇文尚礼、明德慎罚。以上所行可见于《贞观政要》，皆是孔、孟、荀所力主的治国之宗旨。

宋元明时期，在儒家经学上的最大变化是四书超过五经，在社会生活中，发挥空前重要作用。《孟子》上升为经，《礼记》中的《大学》《中庸》单列，与《论语》《孟子》合称"四书"。朱熹用毕生精力作《四书集注》。元代延祐年间，复行科举，以《四书集注》为考试标准读本。经过朱熹集注，四书蕴含的孔、孟、荀的修己安人、治国平天下的理念得到深入浅出的阐发，为世所重，成为传统社会后期道德教化、制度建设的主要经典依据。其间，元代是蒙古贵族执政，由于崇尚四书，中华礼义之邦仍在继续。程朱理学遂因四书而主导了社会精神生活。其后虽有陆王心学兴起，但主要在民间流行，始终未成为政治意识形态。这一时期经学的特点：一是超越汉代训诂之学而强调义理之学；二是出入佛老，又高于佛老，使儒学发展为新儒学；三是内圣强而外王弱，太专注于人的内心世界，而对治国安邦有所忽略，遂有实学兴起；四是太强调礼教的普遍性，要存天理灭人欲，一些人提倡愚忠愚孝，于是有陆王心学出来申明人的个性解放和实学家讲天理不外于人情、义利可以并举。荀子在《子道》中说过"从道不从君，从义不从父，人之大行也"，明确反对愚忠愚孝。提倡"国有争臣""父有争子""士有争友"。从整体儒学的发展来看，它内部需要有学派的对立与争鸣，不断焕发生命活力。陆王心学与实学的兴起，矫朱学末流之弊，返本开新。如熊十力在《略谈〈新论〉要旨》中所说："逮有明阳明先生兴，始揭出良知，令人发掘其内在无穷宝藏，一直扩充去，自本自根，自信自肯，自发自辟，大洒脱大自由，可谓理性大解放时期（理性即是良知之发用）。程朱未竟之功，至阳明而始著。此阳明之伟大也。"阳明心学的核心概念是"良知"，其"四句教"有云："知善知恶是良知"，而良知即是人的道德本心，主宰着人的精神生活与行为。其源头不单在孟子，也在荀子，而后人讲阳明往往忽略了荀子的心论。荀子《解蔽》说："心者，形之君也而神明之主也；出令而无所受令。自禁也，自使也，自夺也，自取也，自行也，自止也。""凡以知，人之性也；可以知，物之理也。"荀子把"心"看作人的精神之主，其特点是独立自主、智性自具，这是人的本性，有可能不受外界干扰而知仁知义，修为圣人。冯友兰在《中国哲学简史》第十三章"儒家的现实主义派：荀子"中说："孟子说人皆可以为尧舜，是因为人本来是善的；荀子论证涂之人可以为禹，是因为人本来是智的。"这一点拨抓住了要害：荀子把人成圣寄托在智性的成长上。由此我颂称荀子为"智圣"。其《性恶》说："今使涂之人者，以其可以知之质，可以能之具，本夫仁义之可知之理，可能之具，然则其可以为禹明矣。今使涂之人伏术（从道）为学，专心一志，思索孰（熟）察，加日县久，积善而不息，则通于神明，参于天地矣。"他把人的心知提升到极高的程度，它可以使路人成为大禹那样的圣人。荀子《不苟》说："君子养心莫善于诚，致诚则无它事矣，唯仁之为守，唯义之为行。诚心守仁则形（显现），形则神，神则能化矣；诚心行义则理，理则明，明则能变矣。变化代兴，谓之天德。"他主张以诚养心，与孟子同；讲守仁行义，其"守仁"二字恰是后来王阳明名字的由来，这不是偶然的。阳明心学与程朱理学的互动，使儒学保持了一定的生气。

明末清初三大家：黄宗羲、顾炎武、王夫之，其学皆与荀子血脉相连。黄氏《明夷待访录》中的《原君》认为皇帝把天下当成私产，"传之子孙，享受无穷"，造成无尽灾难。《原臣》说："我之出而仕也，为天下，非为君也；为万民，非为一姓也。"书中提出设置宰相掌政务以分疏君权，建立学校议政以制约中央。冯友兰在《中国哲学史新编》第六十章中说："黄宗羲所设计的政治制度有三大支柱，一个是君，一个是相，一个是学校。这是现代西方资产阶级政治中的君主立宪制的一个雏形。"它并非来自西方，源头之一是荀学。荀子《大略》说："天之生民，非为君也；天之立君，以为民也。"其说主张限制君权以利民众。顾炎武在《日知录》中区别"国"与"天下"，谓："易姓改号，谓之亡国。仁义充塞，而至于率兽食人，人将相食，谓之亡天下。""保天下者，匹夫之贱，与有责焉耳矣。"荀子《正论》说："天下归之之谓王；天下去之之谓亡"，"可以有夺人之国，不可以有夺人天下；可以有窃国，不可以有窃天下"，以仁义治天下而行王道是不会灭亡的，而以强力立国之诸侯是会亡国的，顾氏正是将这一观点发挥为"天下兴亡，匹夫有责"。王夫之在《尚书引义》中说："行可兼知，而知不可兼行"，"君子之学，未尝离行以为知也"。荀子《劝学》说："君子之学也，入乎耳，箸乎心，布乎四体，形乎动静"，他与王夫之都强调君子之学要知而能行，这才是真知。

清代是满族贵族执掌中央政权。其历代皇帝到卿大夫，皆尊孔读经，以程朱理学为治国指导思想，建立起满汉联合的很完备的朝官典制和郊祭天地，左宗庙、右社稷的一套礼乐祭祀制度，丧葬之礼亦依据传统而有调整。清前期康熙、雍正、乾隆、嘉庆各代，礼义治国，气象宏大，实力较强，版图辽阔，民间风习亦属厚淳，乃东方大国。乾隆时修《四库全书》，规模巨大。但同时焚毁大量不利朝廷的图书，又大兴文字狱，学人远离文网，将精力转向文献考据。其时理学过于政治化、教条化，礼教走向有礼无仁。清朝学人在经典文本的注解校勘上功夫甚深，王念孙的《广雅疏证》，王引之的《经传释词》，段玉裁的《说文解字注》，阮元校勘的《十三经注疏》，都是后来经学研究必备的文献书典。乾嘉学派以惠栋和戴震为代表，不仅在经典文字上考证精严，而且在义理上亦有警世创见。如戴震《孟子字义疏证》批判程式化的理学不近人情，"以理杀人"，说："人之死于法，犹有怜之者；死于理，其谁怜之！"

鸦片战争前后，中国社会的执政者对内高压严控，对外闭关锁国，外强中干，理学生命衰退，社会思想沉闷，人才不出，整个中国走上穷途末路。最早感受到这种危机的是龚自珍，他在诗中写道："九州生气恃风雷，万马齐喑究可哀；我劝天公重抖擞，不拘一格降人才。"（《龚自珍全集》）另一位学者魏源著《海国图志》，放眼世界，看到西方崛起，工业科技发达，中国落后，要"师夷之长以制夷"（《海国图志·自叙》），以实现中华的复兴。可是腐败的清廷不能自省，不愿实行改革；西方英国等列强发动鸦片战争，不仅以炮舰打败中国，而且大量输送鸦片毒害人民，加以贫穷落后，中国人成了"东亚病夫"，最低生存条件犹且不能顾及，何谈礼义？于是中华礼义之邦不复存在，中国人民在半殖民地状态下苟延残喘。经历甲午战争，中国又遭受日本侵略，割地赔款，东西方列强都要来瓜分中国。清末中国仁人志士，起来寻找出路，先有康梁戊戌变法，失败之后，孙中山领导辛亥革命，推翻帝制，建立民国。从此开始重建中华礼义之邦，而道路曲折漫长。儒家先圣大儒的思想是我们宝贵的精神财富，研究荀学就是开发传统资源，推动当代礼义之邦的重建，促进中华民族伟大复兴。

二、荀子群学（即今之社会学）要义

在中国思想史上，以社会群体为基点构建自己理论体系并提炼出核心理念"群"的只有荀子一家，这其实就是古代的社会学。荀子书中，"群"与"群众"多次出现，指向今日所说的"社会群体"，并成为一种学问，但未及用"群学"之名。《宋书·礼志四》："是以六宗之辩，舛于兼儒；迭毁之论，乱于群学。"这里的"群学"实指百家之学。迨至近代，严复《译〈群学肄言〉序》曰："群学何？用科学之律令，察民群之变端，以明既往，测方来也。"他第一次把西方社会学译为"群学"，而中国群学实源于荀子。荀子是中国群学的开山祖，他的群学要义可以归纳为以下十条。

（一）明分使群论

荀子在《王制》中回答人为什么"最为天下贵"时说："力不若牛，走不若马，而牛马为用，何也？人能群，彼不能群也。人何以能群？曰：分。分何以能行？曰义。故义以分则和，和则一，一则多力，多力则强，强则胜物，故宫室可得而居也。故序四时，裁万物，兼利天下，无它故焉，得之分义也。"他又在《富国》中说："离居不相待则穷，群而无分则争。穷者患也，争者祸也。救患除祸，则莫若明分使群矣。""人之生，不能无群，群而无分则争，争则乱，乱则穷矣。故无分者，人之大害也；有分者，天下之本利也；而人君者，所以管分之枢要也。"荀子认为人是群体动物，不能离群独居，然而人又是文化动物，不能像禽兽那样彼此毫无节制地争斗，否则社会大乱，人无法正常生活。社会群体必须有秩序，有分工，有合作。这里有三个概念："群""分""义"。"群"指人类社会能抱团共生；"分"指社会不同群体有分工，各有职守；"义"指社会生活有道德规则。孔子、孟子也重视群体生活，也看到个人离不开他者，但其着眼点是以血亲连接起来的家庭、家族及其扩大形态国家，所以孔子、孟子主张家国本位。可是社会人际关系的复杂性是包含又超越宗法血亲的，荀子看到这一点，其眼光超出了家国血亲，而顾及整个社会，"群"的理念既有血亲，也有职业分工、阶层分属、强弱分别，故在《富国》中提出"明分使群"，"强胁弱也，知惧愚也，民下违上，少陵长，不以德为政。如是，则老弱有失养之忧，而壮者有分争之祸矣。事业所恶也，功利所好也，职业无分。如是，则人有树事之患，而有争功之祸矣。"荀子提出的"事业""功利""职业"以及前文两次出现的"群众"等概念都属于群学范畴而不限于宗法等级制度，其内涵具有社会现实的多样性、丰富性，其外延指向社会各色人等、各个族类，皆前所未闻，后世都成为流行话语。荀子的"明分使群"的主体是谁？是"人君"，即社会最高管理者。他的"分"的概念中，既有上下贵贱等级，也有不同职业分工，因此社会管理包括阶级、阶层不平等的制度运作，也包括所有阶级、阶层都需要的对公共生活规则的维护。《王制》对明分使群做了较具体的说明："君者，善群也。君道当，则万物皆得其宜，六畜皆得其长，群生皆得其命。"司徒知百宗城郭立器之数。司马知师旅甲兵伍卒之数。乐官大师修雅乐、禁淫声。司空管水利工程。司田治理农事。虞师管理山林薮泽，使各种菜蔬不缺。乡师负责民间道德教化。工师管理百工之业。巫师从事占卜，趋利避凶。治市官要治道路、通货财。司寇是执法官，负责惩治犯罪。冢宰官管理百吏众庶，使官员按规则办事。天王是最高领导人，应该"全道德，致隆高""一天下"，否则不足以担当天王之职。这是从制度上讲社会管理。

荀子不满足于只从制度上讲明分使群。他在《富国》中进一步强调要"节用而裕民"，"节用以礼，裕民以政"，要"轻田野之税，平关市之征，省商贾之数，罕兴力之役，无夺农时，如是则国富矣。夫是之谓以政裕民"。要"上得天时，下得地利，中得人和"，达到"上下俱富"，而其中下富更根本，因为"下贫则上贫，下富则上富"，这是对历史经验的总结。

（二）隆礼重法论

隆礼重法是荀子与孟子的不同之处，也是他区别于以韩非为代表的法家的地方，又恰恰是他对先秦儒学的特殊贡献。他在数处讲到隆礼重法。如《强国》《天论》《大略》数篇皆有曰："君人者，隆礼尊贤而王，重法爱民而霸，好利多诈而危。"他首先将"隆礼尊贤而王"作为王道最高目标。同时他与孟子不同，孟子只提倡王道而反对霸道，荀子则肯定五霸的成就，只是尚未达到至治，而五霸成功的原因在于重法爱民。

他在《礼论》中，首先考察了礼的起因，说："礼起于何也？曰：人生而有欲，欲而不得，则不能无求，求而无度量分界，则不能不争。争则乱，乱则穷。先王恶其乱也，故制礼义以分之，以养人之欲，给人之求。使欲必不穷于物，物必不屈于欲，两者相持而长，是礼之所由起也。"他认为礼起于对人生而有之的欲望的制约，如无礼，人之欲求必引起争乱，礼给予人欲以"度量分界"，即使之保持在适当范围内，不泛滥。他虽然把先王看作礼义的制定者，但先王之制礼义是起于社会群体生活的需要，从根本上说，还是"明分使群"的需要。他是用群学眼光来说明礼的由来的。而孟子主要用人性善来解释礼义源头，不如荀子深刻。那么，礼的功用是什么？"礼者，养也"，好比美味养口，芳香养鼻，文彩养目，音乐养耳，床笫养体。当然以礼养欲有贵贱、贫富的差别，这就是"君子既得其养，又好其别"。不过，礼之养欲是为了满足欲的正常需求，而不是压抑它。这是合情合理的说法。后来宋儒讲"存天理灭人欲"，虽说其本意是抑制贵族过度的欲望，但存在理论缺欠，后来被贵族集团利用来盘剥劳动群众。阳明后学何心隐批评无欲，提倡"育欲"，其说与荀子相通。

从信仰的层面说，礼有三种本源性祭拜对象，社会人群依赖它而能生存和发展，因此必须对之感恩和敬畏。《礼论》曰："礼有三本：天地者，生之本也；先祖者，类（家族）之本也；君师者，治之本也。无天地，恶（如何）生？无先祖，恶出？无君师恶治？三者偏亡（缺其一），焉（则）无安人。故礼，上事天，下事地，尊先祖而隆君师，是礼之三本也。"天地生万物，包括生人，如《易传》所云："天地之大德曰生"，如此大德，人类难道不应该感恩不尽并加以祭拜吗？先祖包括远祖和近祖，是民族和家族血缘传承之根，也是每个人的生命的赐予者，人不能忘记"从哪里来，回到哪里去"，否则即是忘本。孔门讲"慎终追远，民德归厚矣"，强调通过丧葬之礼和祭祀先祖，发扬孝道，民风便会淳厚。君师是国家得到有效治理的保证。"君"从广义上指国家政权管理者，"师"指从事道德教化的士君子，给予人们以礼治文明和重德之风，因此也需要通过祭拜表达人们的敬意。从此，中国人的主导信仰逐渐形成，即"天地君亲师"，或者说"敬天法祖"，它深入民间，几乎成为全民的基础性信仰。荀子有《劝学》与《修身》两篇，集中讲尊师重道，他把老师与天地君亲并列，使之达到信仰的高度，为教育学做出了突出贡献。当然，荀子对于"君"与"师"的要求是很严的。"君"是能行礼义之道者，是民众的表率，否则不值得信仰。《君道》说："请问为人君？曰：以礼分施，均遍而不偏"，"君者仪（日晷）也，民者景（影）也，仪正而景正"。《修身》说："非我而当者，吾师也；是吾而当者，吾友也；谄谀我者，吾贼也。"可见，师的水准要很高，能够纠正人们的缺点，引导人们前行。礼既然体现了天地君亲师的根本价值，那么社会人群便一刻也离不开它，如《修身》所说："人无礼不生，事无礼不成，国家无礼不宁。"

那么，礼的重点在哪里？《礼论》说："礼者，谨于治生死者也。生，人之始也；死，人之终也。终始俱善，人道毕矣。故君子敬始而慎终。终始如一，是君子之道，礼义之文也。"人道要终始俱善，就要在礼义上表现为对丧葬祭祀之礼的重视，"丧礼者，无它焉，明生死之义，送以哀敬而终周藏也。故葬埋，敬藏其形也；祭祀，敬事其神也；其铭诔系世，敬传其名也。事生，饰始也；送死，饰终也。终始具而孝子之事毕，圣人之道备矣。"可见丧葬祭祀之礼，其义甚大，它关系到生死一贯之道，而送死之道本身就是事生之道的有机组成部分，不可或缺，故曰："事死如事生，事亡如事存，状乎无形影，然而成文。"有人会问：荀子是无神论者，不相信人死为鬼、神灵佑人，却为什么那么重视丧祭呢？荀子用情感心理的抒发加以说明，而这正是抓住了问题的本质："祭者，志意思慕之情也，忠信敬爱之至矣，礼节文貌之盛矣，苟非圣人，莫之能知也。圣人明知之，士君子安行之，官人以为守，百姓以成俗。其在君子，以为人道也；其在百姓，以为鬼事也。"荀子站在社会管理学的高度，指出：圣人明知客观上虽无鬼神而人们却离不开对鬼神的敬祭，其缘由可能在于人们面临生死大事需要鬼神信仰给予心理情感上的慰藉，别的方式无法取代。士君子秉承圣人智慧认真践行丧祭之礼，官府用丧祭之礼来维持社会良好秩序，普通百姓则形成丧祭的民俗文化。社会是分阶层的，对同一种礼俗如丧祭可以有不同的理解，只要有益于道德教化，便可相互包容，各得其所。这就是"神道设教"，它促使人们感恩、思敬、尽孝，是中国社会管理思想的重要组成部分。荀子论礼，经常礼义并举，因为"义"是"礼"的要素。《儒效》说："先王之道，仁之隆也，比中而行之。曷谓中？曰：礼义是也。"礼义是人类行为的准则，不可偏离，故谓之中。荀子所论之礼有三要素：社群之度制、公义之规矩、道德之民俗。三者结合便是一种刚柔相济的管理方式，这是中国所特有的智慧。

荀子在隆礼的同时又重法。《君道》说："至道大形，隆礼至法则国有常。"《修身》说："好法而行，士也；笃志而体，君子也；齐明而不竭，圣人也。人无法则伥伥然，有法而无志其义则渠渠然，依乎法而又深其类然后温温然。"意思是说，行为依法又追求正义才是士君子，依法而又深知同类的道理就是圣人了。其《王制》说："听政之大分：以善至者待之以礼，以不善至者待之以刑。两者分别，则贤不肖不杂，是非不乱。贤不肖不杂则英杰至，是非不乱则国家治。若是则名声日闻，天下愿（仰慕），令行禁止，王者之事毕矣。"这就与孔子有区别了。孔子说："道（导）之以政，齐之以刑，民免而无耻；道之以德，齐之以礼，有耻且格。"不赞成用行政和刑罚，只希望"为政以德""以礼让为国"，认为"上好礼则民易使也。"荀子更为现实，看到德礼之治不是万能的，总有不善不肖者存在，若无刑罚，国家难以致治，达不到"令行禁止"。不过他看到法的不足：一是法不周全，二是无君子执法。故曰："其有法者以法行，无法者以类举"，要有类推的本领。又说："有良法而乱者，有之矣；有君子而乱者，自古及今，未尝闻也。"因此要法治与人治并举。荀子在《议兵》中回答李斯提问，强调以礼治国是得天下之本，批评李斯夸耀"秦四世有胜"的强兵之策，说："坚甲利兵不足以为胜，高城深池不足以为固，严令繁刑不足以为威"，必须行仁义而治。他明白地指责秦国"严令繁刑"。所以荀子重法又与秦国唯法主义不同，必须在隆礼前提下重法。荀子认为"杀人者死，伤人者刑，是百王之所同也"，但是刑要适度，不能滥用，"刑称罪则治，不称罪则乱"。（以上《正论》）荀子对礼德与法刑总的态度是："治之经，礼与刑，君子以修百姓宁。明德慎罚，国家既治四海平。"（《成相》）他尤其反对株连，"以族论罪"，"一人有罪而三族皆夷"（《君子》），这是野蛮的行为。后来中国社会政治清明的朝代皆实行礼主法辅、德主刑辅的治国方略，当是吸收了荀子的思想。这是儒家、法家在治国理政上成功的组合。

（三）天人之分论

荀子提出自己特有的天人观，它是无鬼神的、反对天人感应的，又是辩证的、提倡发挥人的主观能动性的，对后世产生了巨大的影响。《天论》开篇便宣示："天行有常，不为尧存，不为桀亡。应之以治则吉，应之以乱则凶。"他与孔子"畏天命"不同，不承认天有意志、天有道德，天是自然之天，有其自身运行的常规，既非鬼神主宰，也与人事治乱无关。人间治乱是人处理与自然界的关系当与不当而引起的，不应到自然界去寻找原因，无须乞求自然界来护佑人。"强本（农业）而节用，则天不能贫；养备而动时（储备丰富、按时劳作），则天不能病；修道而不二，则天不能祸。""受时（天时好）与治世同，而殃祸与治世异，不可以怨天，其道（正确处理天人关系之道）然也。故明于天人之分，则可谓至人矣。"以往学界有人对于"明于天人之分"的理解有偏差，说是将天与人分离。事实上"天人之分"并不等于"天人相分"。"分"在这里是名词而非动词，荀子讲"分"是指多样性事物各有自己的特质和功用，彼此不能相混淆，也有密切联系，"分"者，分际也、职能也、个性也。《天论》认为自然界有自己的客观规律，社会人事也有自己的运行规律，天时有顺昌有灾情，但可以都发生在治世，当然也可以发生在乱世，尧舜之世与桀纣之世的差别是由圣王与暴君之政事不同引起的，与天（自然界）无涉。荀子反对把治世之功归于自然、把乱世之祸推给自然，主张从人事上查找原因，总结经验教训，这是君子应有的责任担当。"治乱天邪？曰：日月、星辰、瑞历（祥瑞），是禹、桀之所同也，禹以治，桀以乱，治乱非天也。时邪？曰：繁启（萌芽）、蕃长（成长）于春夏，畜积收臧（藏）于秋冬，是又禹、桀之所同也，禹以治，桀以乱，治乱非时也。地邪？曰：得地则生，失地则死，是又禹、桀以所同也，禹以治，桀以乱，治乱非地也。"荀子用历史上大禹治世与夏桀乱世而天时地利皆同来说明治乱在人不在天。但荀子又进了一大步，他用辩证思维来看待天人关系，认为人不要只是敬畏自然，人可以在认识和掌握自然规律基础上发挥能动作用，适当改变自然，更好地使之为人类造福。"大天而思之，孰与物畜而制之！从天而颂之，孰与制天命而用之！因物而多之，孰与骋能而化之！思物而物之，孰与理物而无失之也！愿与物之所以生，孰与有物之所以成！故错人而思天，则失万物之情。"这段话很有哲理和气势，大意是：把天看得伟大而思慕它，何如把天当作自然物而加以畜养和控制！顺从天而颂扬它，何如掌控其自然规律而加以利用！坐盼好天时而等待好的收成，何如发挥人的能动性而使自然物变为人所需要的产品！空想役使万物，何如管理好生产而不失掉好的时机！指望万物自然生长发育，何如掌握其深层规律而成就更大的事业！放弃人的作用一味思慕天的好处，并不符合天与人互动的实际情况。荀子这段话是中国人在神州大地上创造文明的写照，士、农、工、商都是在利用自然资源，顺应天时地利，发展生产，交换产品，推动农业文明不断走向繁荣，其中士的作用在管理和知能培养上。所谓劳动就是"制天命而用之"（合理利用自然为人的生存与发展服务）。

关于人的能动性，《荀子》书中多有论述。如《劝学》："锲而舍之，朽木不折；锲而不舍，金石可镂"，"真积力久则入"，这既是学习的功夫，也是实业的功夫；人不仅要从事改造自然的活动，还要有坚持不懈的精神才能有所成就。《修身》："传曰：'君子役物，小人役于物'，此之谓也。身劳初身安，为之；利少而义多，为之"，"士君子不为贫穷怠乎道。"这里强调人在物面前要保持主体性，必须以义制利，才能使外物为人所用，而避免成为外物的奴隶和工具，这是士君子在"制天命而用之"过程中应坚守的原则。小人则往往在追求外物之利中丧失了自我，不可能真正达到"制天命而用之"的目的。《不苟》："天地为大矣，不诚则不能化万物"，可见人在改造自然中须有诚心，而"诚"是效法天地而来的，故曰："变化代兴，谓之天德。天不言而人推高焉，地不言而人推厚焉，四时不言而百姓期焉。夫此有常，以至其诚者也。"天地的变化常道就是人致诚的榜样。"诚"就是真实无妄，人尊重天地的本然运行规律，才能化万物而用之，绝不是胡作妄为。《王制》："圣王之制也：草木荣华滋硕之时，则斧斤不入山林，不夭其生，不绝其长也；黿鼍鱼鳖鳅鳝孕别（产卵）之时，罔罟毒药不入泽，不夭其生，不绝其长也；春耕、夏耘、秋收、冬藏，四者不失时，故五谷不绝，而百姓有余食也；污池渊沼川泽，谨其时禁，故鱼鳖优多而百姓有余用也；斩伐养长不失其时，故山林不童（无草木）而百姓有余材也。圣王之用（功用）也：上察于天，下错于地，塞备天地之间，加施万物之上；微而明，短而长，狭而广，神明博大以至约。"荀子以"圣王"的名义，表达一种生态思想，即人在生产劳动时要保护好环境和节用资源，不要乱伐乱捕，这是人对天地万物应有的态度。《富国》曰："万物得宜，事变得应，上得天时，下得地利，中得人和，则财货浑浑如泉源，汸汸如河海，暴暴（突起）如丘山，不时焚烧，无所臧之，夫天下何患乎不足也。"只要天、地、人形成和谐互补关系，财货便会源源而来。又讲生产理财之道："田野县鄙者，财之本也；垣窌（窖）仓廪者，财之末也；百姓时和（劳作合于天时）、事业得叙（序）者，货之源也；等赋府库者，货之流也。故明主必谨养其和，节其流，开其源，而时斟酌焉。""开源节流"的提法即由此而有。荀子的天人关系论，重视自然的客观性与可知性，没有迷信的成分，又能把人对自然的积极而主动的改造纳入天人和谐的轨道，在社会生产、交换、生活所涉各种关系层面处处讲和，这在先秦思想史上是独创的，没有第二家。

（四）人性趋恶论

人性论是儒家哲学的重大问题，诸家之说丰富多彩，互有长短，对于传统社会的道德建设乃至治国之道产生过重要影响。

孔子是儒家人性论的开山鼻祖，他直接论人性的一句话是："性相近也，习相远也。"（《阳货》）相近之性是什么？他未明讲，但表示了人有共同的天生本性；相远之习是什么？他也未细说，但从《论语》看，"习"包括了学习、教育、积习与风气等，都是后天的社会文化性积累，于是人性就出现了分化乃至形成巨大差异。孔子还说过一句与人性有关的话："唯上智与下愚不移"（《阳货》），孔子在肯定大多数人性相近、习相远的同时，也看到有极少数人例外，一是上智，指生来就是天才（似应包括善良）；二是下愚，生来就很愚笨（似应包括奸诈）。上智之人从小就德才超常，下愚之人则教育无效用，必成社会累赘。我们不得不承认这种情况是一种客观实在。不过，孔子注重的是大多数人，他认为自己是其中一员，故曰："我非生而知之者，好古，敏以求之者也"（《述而》），他爱好古圣贤的传统而孜孜以求，一生学而不厌、诲人不倦。孔子还讲到人生来就有对声色利欲的追求："吾未见好德如好色者也"（《子罕》），"富与贵是人之所欲也，不以其道得之，不处也；贫与贱是人之所恶也，不以其道得（除）之，不去也"（《里仁》）。孔子对待利欲的态度是以道节之，不是禁欲而是化欲。由于孔子的人性论简要却又立论宏深，为后来各家人性论，如性善论、性恶论、性善恶混、性三品论等，提供了广阔的发挥空间。

孟子提出性善论，成为后世人性论发展的主导性理论。准确地说，孟子是人性趋善论，他把人性归纳为"四端"："恻隐之心，仁之端也；羞恶之心，义之端也；辞让之心，礼之端也；是非之心，智之端也。人之有是四端也，犹其有四体也。"（《公孙丑上》）仁、义、礼、智是人皆有之，但只是"端"，即萌芽，需要通过教育和修身加以扩充，才能成为善人，假若放失而不顾，人就会堕落成为恶人。这四端又叫良能良知："人之所不学而能者，其良能也。所不虑而知者，其良知也。"它是人与禽兽相区别的人类独有的文明属性，如不自觉加以充实提高，是很容易被丢弃的，故曰："人之异于禽兽者几希，庶民去之，君子存之。"可见后天的道德教化多么重要。由此可知，孟子并不认为人生而必善，为善只是大的趋势，要经过种种努力才能成为善人，所以他是人性趋善论。孟子讲人性不包括人的生理属性，专指人的道德上的良知良能。那么道德的良知良能又从何来？真是与生俱来的吗？孟子未能真正讲清楚。人从小就不是一种动物性的存在，生下来就在家庭抚养中发育，又在乡里社区和学校中成长，而家庭、乡里社区和学校是在社会文化传统中代代相继的，人在文化氛围中长大，他已经是文化人了。群体的社会生活需要道德维系，道德在不知不觉中内化为人的良心，成为文化基因，这就是良心或四端。当社会混乱、法制崩溃、欺诈盛行之时，良心成为维系社会秩序最后的精神力量，因而也是诸多精神纽带中最有韧性的力量。当大多数人丧尽天良的时候，这个社会也就瓦解了。

荀子提出性恶论，看起来与孟子相反，故为后儒主流所不断批评，事实上它是性善论的补充和修正，两者并非决然对立。其主要论点在《性恶》中，其论曰："人之性恶，其善者伪也。今人之性，生而有好利焉，顺是，故争夺生而辞让亡焉；生而有疾恶焉，顺是，故残贼生而忠信亡焉；生而有耳目之欲，有好声色焉，顺是，故淫乱生而礼义文理亡焉。然则从（纵）人之性，顺人之情，必出于争夺，合于犯分乱理而归于暴。故必将有师法之化，礼义之道，然后出于辞让，合于文理，而归于治。用此观之，然则人之性恶明矣，其善者伪也。"

荀子在同篇批评孟子性善论时，强调先要澄清"性"的含义。何谓性？"凡性者，天之就也，不可学，不可事"，"不可学不可事而在人者，谓之性；可学而能可事而成之在人者，谓之伪；是性伪之分也。"在荀子看来，所谓人性必须与生俱来，自然而成，无待学习，实际上是指的人的动物性、生物性，所谓饮食男女和由此而贪利恶害，都是动物的本能及其放大；所谓伪，包括辞让、忠信、礼义等道德行为都是后天教化的结果，"伪"者人为也，实际上是指人的社会性、文化性。若是放纵生性而任其自发流衍，必然导致争夺、残贼、淫乱，社会将陷于混乱而无法正常运行。由此荀子很在意后天的教育和修身，主张对人的本然性情须加以约束和疏导，务使自然人提升为道义人，使社会走向文明。

需要指明的是：荀子并不直接指斥人的天生性情为恶，而是任其自发泛滥才会成为恶，即"顺是"，便生争夺、残贼、淫乱，它有一个发展过程。因此，荀子的性恶论，严格地讲是趋恶论。他在其他地方称人的本性为"材"、为"朴"，即尚未加工的质料。《荣辱》说："材性知能，君子小人一也。好荣恶辱，好利恶害，是君子、小人之所同也，若其所以求之之道则异矣。"《礼论》说："性者，本始材朴也；伪者，文理隆盛也。无性则伪之无所加，无伪则性不能自美。性伪合，然后成圣人之名，一天下之功于是就也。"这种本始的材质本身是非善非恶的，是凡人皆有的。故《性恶》说："夫陶人埏埴而生瓦，然则瓦埴岂陶人之性也哉？工人斫木而生器，然则器木岂工人之性也哉？夫圣人之于礼义也，辟（譬）亦陶埏而生之也，然则礼义积伪者，岂人之本性也哉？凡人之性者，尧、舜之与桀、跖，其性一也；君子之与小人，其性一也。"圣人化性起伪与陶工用土制作瓦、木工用材制作器同理，是对质朴人性的改造，使之成为"人器"，是化性而不是灭性。人在本性上是一样的，只是"圣人之于礼义积伪也，亦犹陶埏而生也"，而"桀、跖、小人者，从（纵）其性，顺其情，安恣睢，以出乎贪利争夺"。因此后天之人就有圣贤与罪人的分途、君子与小人的高下，其关键在于人是积礼义还是纵性情。有学者把荀子人性论称为"性朴论"是有道理的。荀子进而讲人的性情欲求如何能发挥正面作用，他在肯定人的欲求的必然性、必要性的同时，认为只要有师法之化、礼义之道，人的欲求便可保持在合理的范围内，与道德形成一种动态平衡，这就是人的个体性与群体性的统一。《大略》说："义与利者，人之所两有也。虽尧、舜不能去民之欲利，然而能使其欲利不克其好义也。虽桀、纣亦不能去民之好义，然而能使其好义不胜其欲利也。故义胜利者为治世，利克义者为乱世。"在这里，荀子认为民众人性中有好义与欲利两种属性，一善一恶，那么他就是主张人性善恶混论，这就为人可以为尧舜亦可以为桀纣找到了内在根据。由此可知，荀子的人性论有其复杂性，不要简单化。荀子讲性恶和化性起伪，一不是指斥欲利本身为恶，二是主张化性而非禁欲，故《礼论》说："礼起于何也？曰：人生而有欲，欲而不得，则不能无求。求而无度量分界，则不能不争，争则乱，乱则穷。先王恶其乱也，故制礼义以分之，以养人之欲，给人之求，使欲必不穷于物，物必不屈于欲，两者相持而长，是礼之所起也。"荀子不是禁欲主义者，而是养欲主义者，不把礼与欲对立起来，能看到两者的辩证关系，首次提出以礼养欲，比之节欲更具有柔性，务使礼与欲相持而长，两者都能在互动中健康成长，这是一种合情合理的人性理论，比之宋儒"存天理灭人欲"之说高明多了。

荀子还回答了一个重要问题：人性既然趋恶，善又由何而生？礼义由何而来？《性恶》开始说："圣人积思虑，习伪故，以生礼义而起法度"，又进而提出"涂（途）之人可以为禹"，不仅承认人人皆有为善之可能，而且还有为圣贤之可能。其论说是："'涂之人可以为禹。'曷谓也？曰：凡禹之所以为禹者，以其为仁义法正也。然则仁义法正有可知可能之理，然而涂之人也，皆有可以知仁义法正之质，皆有可以能仁义法正之具；

然则其可以为禹明矣。""质"是禀性,"具"是才能。荀子终于承认人性里有潜在的向善要素,他与孟子不同处,在于他强调人性中知能的作用,孟子强调人性中德性的作用,两人侧重点是不同的。正如冯友兰在《中国哲学简史》(第十三章)中所指出的:"孟子说人皆可以为尧舜,是因为人本来是善的;荀子论证涂之人可以为禹,是因为人本来是智的。"

总括起来说,孟子与荀子的人性论有异有同。其异:一是人性的定义不同,孟子把人性确定为"人之异于禽兽者",因此道德性才是人性,荀子把人性定义为人的动物性即生理性,二人讲人性论的层面不同;二是孟子强调人的主体性,为善、为不善全在个人能否养心寡欲,荀子强调人的社会性,化性起伪是群居生活的需要。其同:一是都从不同角度承认人既可以向善,又可能为恶,关键在于个人是否努力,也要看环境是否良美;二是都强调社会道德教化和个人修身的重要,把办好社会教育事业看成社会治理的头等大事。孟子与荀子在教育思想上高度吻合,他们对中华教育史都做出了巨大贡献。荀子儒学的重心在礼论,在社会制度建设,由此而言,他的性恶论是其群学的基础性理论,特点是从社会看人性，由人性论社会，他不像孟子较多从道德讲善恶，而是从社会关系中考察人性对社会的利弊得失，思考人类如何化解利益冲突而走向和谐，因此比孟子深刻，他给礼法的产生和存在，提出一套不同于道德论的早期社会学论证。

从秦汉以后形成的治国理政传统来看，大多数治世朝代在以儒主导政事时，都自觉或不自觉地并用孟荀之学，如王霸道杂运、礼主法助、德主刑辅、明德慎罚、尚贤使能、关注民生等，都是将孔子仁、礼之学的两个侧面加以制度化而付诸实践的，所以能使社会长期稳定。

（五）君舟民水论

君舟民水论是历史上盛世执政者处理君、民关系的重要指导思想。其起源可追溯到《尚书》。其《五子之歌》说："民惟邦本，本固邦宁"，首次把民看作国家的基石，关乎社会治乱。其《蔡仲之命》说："皇天无亲，惟德是辅，民心无常，惟惠之怀。"其《泰誓上》说："民之所欲，天必从之。"既然上天都要顺从民意，作为"天子"的君王更要以民为重了。于是形成儒家的民本主义传统。迨至孔子，他进一步提升了民的地位，认为"博施于民而能济众"（《雍也》）便是圣人，君子的责任是"修己以安人"、"修己以安百姓"（《原宪》），治国要取得民众的信任，"自古皆有死，民无信不立"，其次便是"足食"（《颜渊》）。孟子认为仁人在位必须实行仁政，造福于民，"制民之产"，使民众"养生丧死无憾，王道之始也"（《梁惠王上》），君还要"与民同乐"（《梁惠王下》）。他又提出"得天下有道，得其民，斯得天下矣。得其民有道，得其心，斯得民矣"（《离娄上》）。孟子提出一个超越同时代人的口号："民为贵，社稷次之，君为轻"（《尽心下》），它震撼人心，响彻了尔后两千余年，成为批判君主专制主义的有力武器。民贵君轻不是说百姓比君王更尊贵，而是说对于国家而言，百姓比君王更重要，没有民众拥护，国家将会乱而亡，而君王要靠民众支持才能安位治国，不好的君王是可以更换的。

"君舟民水"是君民关系的又一全新提法，就文献而言，始两见于《荀子》。《王制》说："选贤良，举笃敬，兴孝弟，收孤寡，补贫穷，如是，则庶人安政矣。

庶人安政，然后君子安位。《传》曰：'君者，舟也；庶人者，水也，水则载舟，水则覆舟。'此之谓也。故君人者，欲安，则莫若平政爱民矣；欲荣，则莫若隆礼敬士矣；欲立功名，则莫若尚贤使能矣；是君人者之大节也。"这里荀子引"《传》曰"，未标明引自何种古典文献。《哀公》说："且丘（孔子）闻之：君者，舟也；庶人者，水也。水则载舟，水则覆舟，君以此思危，则危将焉而不至矣！"荀子记载是孔子说过君舟民水的话，而且是"丘闻之"，即孔子听古圣贤说的话，而《论语》未载，此话究竟最早是谁的发明，已不可细考了。荀子认为君民关系中，民是基石，民心的向背决定君王能否安位、君位能否长远。这与孟子"民贵君轻"是相通的，但比喻生动而更含有深意。执政者及其团队如同坐在大海上航行的轮船里，在风平浪静、阳光灿烂的天气里，举目四眺，心旷神怡，享受无限风光；一旦狂风猛扫，巨浪滔天，轮船便剧烈摇晃，甚者船翻人亡。人民就是大海，威力无比，它能载君王之船正常航行，也能在不可忍受时掀起反叛的怒涛，使君王之船葬身海底。历史的经验教训反复地证明了这个真理。

其后，成书于秦统一中国前夕的《吕氏春秋》，继承孟荀重民思想，喊出了"天下非一人之天下也，天下之天下也"（《贵公》），这一口号对"家天下"有所突破，而向往"公天下"的大同理想。它指出，君之立出乎众，"立已定而舍其众，是得其末而舍其本；得其末而舍其本，不闻安居"（《用众》）。这是针对取得政权后脱离民众的执政者而言的，要警惕"莫不有初，鲜克有终"的前车之鉴。成书于汉代文景之世的《淮南子》，鉴于暴秦速亡的教训，对君民关系有清醒认识，说："食者，民之本也；民者，国之本也；国者，君之本也"（《主术训》）。又说："国主之有民也，犹城之有基，木之有根；根深则本固，基美则上宁"（《泰族训》）。它连用形象生动的比喻说明君民关系："君子之居民上，若以腐索御奔马，若蹍薄冰蛟龙在其下，若入林而遇乳虎"（《说林训》），用腐朽的绳子驾驭奔马，踩着薄冰过藏蛟之河，进入树林而遇幼虎，都是随时可能发生危难的。其意是君王不要小看民众的威力，惹怒了民众，就像惹怒了猛兽，自身难免倾覆；因此在君位者执政不要大权在握、忘乎所以，要战战兢兢，如履薄冰、如临深渊，才可能使政权稳定，这正是秦亡教训和文景兴治的写照。

唐太宗贞观之治开拓了盛唐大好局面。玄宗年间史官吴兢编撰《贞观政要》，分类集录唐太宗与大臣们论政的言论，强调民为邦本、戒奢以俭、选贤任能、兼听纳谏、重农薄赋、明德慎罚、华夷一家等治国之道。其书引太宗的话："为君之道，必须先存百姓，若损百姓以奉其身，犹割股以啖腹，腹饱而身毙"，"舟所以比人君，水所以比黎庶，水能载舟，亦能覆舟"，他总结隋朝灭亡的教训，"正由仁义不修，而群下怨叛故也"。他直接引用了《荀子》书中"君舟民水"的话，能够居安思危、重民富民，故为大唐盛世奠定了基础。

明清之际，黄宗羲著《明夷待访录》，尖锐批判君主专制，在这种制度下，皇帝把天下当成私产，"传之子孙，受享无穷"（《原君》），其《原臣》说："我之出仕也，为天下，非为君也；为万民，非为一姓也。"他依据民本主义，提出了具有民主主义色彩的君主立宪制的设想，推动中国从帝王专制社会向现代社会转型。

直到孙中山领导辛亥革命，推翻帝制，废除君权，建立民国，方才使中国开始迈向现代政体。其三民主义是综合中西而形成的：民族主义的宗旨在于争取中国的独立与解放；民权主义的宗旨在于实现全民政治，"若国民党之民权主义，则为一般平民所共有，非少数者所得而私也"（《中国国民党第一次全国代表大会宣言》）；民生主义致力于平均地权、节制资本，实现共同富裕。综合言之，要实行"民有、民治、民享"，"就是国家是人民所共有，政治是人民所共管，利益是人民所共享"（《孙中山全集》）。三民主义超越了孔孟荀民重君轻、君舟民水的民本主义，但后者仍是推动中国现代化的优秀传统，是民本政治走向民主政治的桥梁。尽管中国建设民主法治的道路曲折漫长，但历史已无法倒转，前途是光明的。我们如果把"君舟民水"中的"君"扩大理解为执政者，那么现代社会仍然存在当权者与民众的关系问题。在所谓现代民主国家，人民照样不可能一起参与执政，要通过选举选出能代表民意的团队或政党执掌政权运作，这就必然涉及少数领导者与众多被领导者之间的关系问题。当执政团队政绩较好，选民可以允其连任到规定的期数；当执政团队政绩很差，又不能及时纠正，选民可以通过选举将其淘汰，或通过游行、示威、新闻批评促其改革。在一定意义上，这也是舟与水的关系。民主宪政谈何容易，许多发达国家实行多党制和代议制，离真正的民主仍有不小差距，或发生金钱操纵，或盛行政党恶斗，或出现民粹主义。大多数民众往往只考虑眼前利益或容易情绪偏激，还有民众的民族、宗教、阶层、界别不同引发冲突，民意不仅不能一致，有时甚至是敌对的，用简单多数决定国家大计，往往造成重大失误，因此选举不是万能的。英国公投"脱欧"，以简单多数决定脱离欧盟，给英国带来的负面效应难以估量。由此可见，执政者与民众之间的健康关系，西方尚未有效加以解决。君（执政者）舟、民（公民）水的比喻仍有其警世的作用。

（六）尚贤使能论

尚贤使能是儒家的深厚传统。《礼运》讲大同世界应"天下为公，选贤与能，讲信修睦"。孔子在回顾古圣王治国之道时，认为用贤能、爱民众是治世的圣王最值得赞美的品行。《泰伯》论尧舜之治："舜有臣五人（禹、稷、契、皋陶、伯益），而天下治。武王曰：'予有乱（治）臣十人（周公旦、召公奭、太公望、毕公、荣公、太颠、闳夭、散宜生、南宫适、文母）。'孔子曰：'才难（人才难得），不其然乎？'唐虞之际，于斯为盛，有妇人焉，九人而已。三分天下有其二，以服事殷。周之德，其可谓至德也已矣。"唐尧、虞舜及周文武能成其大业，在于有大贤辅佐。《颜渊》记子夏之言："舜有天下，选于众，举皋陶，不仁者远矣。汤有天下，选于众，举伊尹，不仁者远矣。"这里还透露出一个重要的信息：古圣王用贤不是个人独断，而是听取众人的意见，即"选于众"。孔子的政治思想是"为政以德"（《为政》），就是在上位者树立德行的榜样，使天下影从而致治。他讲过"君君、臣臣、父父、子子"（《八佾》），有人误读，说孔子讲究上下等级名分。诚然，在那个时代，孔子认同宗法等级，但不是讲单向服从，而是讲君臣父子要守各自的正道，不能胡作妄为。如"君使臣以礼，臣事君以忠"（《八佾》），彼此各有责任。在孔子眼里，"君"之上还有"道"，两者如有矛盾便要从道不从君，故《先进》记孔子回答季子然问大臣时说："所谓大臣者，以道事君，不可则止。"从君王的角度，要提拔重用正直贤良之才，置于高位："哀公问：'何为则民服？'孔子对曰：'举直错诸枉，则民服；举枉错诸直，则民不服。'"（《为政》）孔子认为在高位者靠表率作用治国，不是靠行政命令，故曰："其身正，不令而行；其身不正，虽令不从。""子曰：'先有司，赦小过，举贤才。'"(《子路》)优秀人才不应求全责备，要看其大体，据其长处而用之。孔子坚信，好的治国之道，不能自行运作，需有贤良加以践行，故曰："人能弘道，非道弘人。"(《卫灵公》)他表彰历史上贤臣的事功。如殷朝有："微子去之，箕子为奴，比干谏而死。孔子曰：'殷有三仁焉。'"(《微子》)贤臣忠君不是愚忠，而是忠于国家，敢于直谏，不避招祸。又如春秋时期，郑国有贤臣子产，孔子对他的评价是："子谓（评论）子产：'有君子之道四焉：其行己也恭，其事上也敬，其养民也惠，其使民也义。'"(《公冶长》)孔子对任齐桓时相国的管仲大加赞赏，称其为仁人："桓公九合诸侯，不以兵车，管仲之力也！如其仁！如其仁！"又说："管仲相桓公，霸诸侯，一匡天下，民到于今受其赐。"(《宪问》)孔子看重管仲用仁道推动中华统一做出的贡献，齐国称霸的关键是桓公对管仲的充分尊重和信任。孟子在君臣关系上比孔子更加强调彼此负责和臣子的独立人格，说："君之视臣如手足，则臣视君如腹心；君之视臣如犬马，则臣视君如国人；君之视臣如土芥，则臣视君如寇仇。"(《离娄下》)

明君要尊重和善待贤臣，贤臣才能诚心服务国家，若是昏君，贤臣便可与之对立，暴虐之君不配称为君，只是独夫民贼，可以诛讨废除。孟子刻画了有社会责任心、有大担当的士君子的气象："得志与民由之，不得志独行其道；富贵不能淫，贫贱不能移，威武不能屈，此之谓大丈夫。"（《滕文公下》）中国历史上治世少而平衰之世多，衰世之末是乱世，一治一乱，具有周期性。衰乱之世并非无贤良之才，而是在家天下制度下明君少而庸君多、昏君时有，多数君王靠世袭继位，没有胸襟与智慧，不能重用士君子却偏亲近小人而使忠臣遭受贬斥。由此也证明，无论什么社会、何种时代，要想使国家兴旺，一定程度的精英共治是必要的，其共治的程度决定兴盛的程度。

荀子在治国方略上极重精英参与理政，反复讲尚贤使能。《荀子》书中《仲尼》说：王者"致贤而能以救不肖"。《儒效》说："尊贤畏法而不敢怠傲，是雅儒者也。"《王制》说："选贤良，举笃敬，兴孝弟，收孤寡，补贫穷，如是，则庶人安政矣"，"故君人者，欲安，则莫若平政爱民矣；欲荣，则莫若隆礼敬士矣；欲立功名，则莫若尚贤使能矣：是君人者之大节也。"君王有三大节，其"平政爱民"是根基，"隆礼敬士"和"尚贤使能"皆关系人才的选拔和任用，是达到平政爱民的必要条件。该篇强调为官者必须是有德、有能、有功之人："王者之论，无德不贵，无功不赏，无罪不罚。朝无幸位，民无幸生。尚贤使能，而等位不遗（等级地位没有差失）"，使为官者成为民众学习的榜样。这样，百官各司其职，百业皆能兴旺。其《王霸》讲治国乃是"重任"，需有"信法"和"信士"，"以夫千岁之法自持者，是乃千岁之信士矣。故与积礼义之君子为之则王，与端诚信全之士为之则霸，与权谋倾覆之人为之则亡。三者，明主之所以谨择也，而仁人之所以务白也。"一个国家是王国还是霸国抑或是灭亡，取决于任用什么样的人，最理想的是任用积礼义的君子。荀子反对君王一人独裁而主张与贤者共治："彼持国者，必不可以独也；然则强固荣辱在于取相矣"，提出实行"取相"即内阁制，总理日常朝政，"论德使能而官使之者，圣王之道也"，最理想的状态是"其法治，其佐贤，其民愿，其俗美，而四者齐，夫是之谓上一"。他举历史上的事例："汤用伊尹，文王用吕尚，武王用召公，成王用周公旦"，齐桓公"九合诸侯，一匡天下，为五伯（霸）长，是亦无他故焉，知一政于管仲也"。《君道》说："上好礼义，尚贤使能，无贪利之心，则下亦将綦辞让，致忠信，而谨于臣子矣。"再讲"尚贤使能"并强调"卿相辅佐"。其《臣道》把臣分为"巧敏佞说，善取宠乎上"的"态臣"，"朋党比周"的"篡臣"，"上忠于君，下爱百姓"的"功臣"，"政令教化，刑（行）下如影"的"圣臣"。荀子提出了"圣臣"的概念，是历史上第一次。该篇又说："从命而利君谓之顺，从命而不利君谓之谄；逆命而利君谓之忠，逆命而不利君谓之篡"，"君有过谋过事，将危国家、殒社稷之惧也，大臣、父兄有能进言于君，用则可，不用则去，谓之谏；有能进言于君，用则可，不用则死，谓之争"，下面讲到有能"率群臣百吏而相与强君矫君，除国之大害，成于尊君安国谓之辅；有能抗君之命，窃君之重，反君之事，以安国之危，除君之辱，功伐足以成国之大利，谓之拂（弼）"，"故谏、争、辅、弼之人，社稷之臣也，国居之宝也"。《子道》明确反对愚忠愚孝："从道不从君，从义不从父，人之大行也。"

　　总而言之，荀子发展了孔子、孟子尚贤使能的思想：一是明确反对一人独裁，必须君臣共治。二是提出在中央设置辅佐之臣即相位，管理国家日常工作。三是君臣都要服从统一的治国之道，礼法之治高于人治；提高贤臣的地位，不仅有圣王，还应有圣臣，鼓励各种方式的谏争；管理国家要设置百官，按其才能各司其职，统领百业。

荀子之后，对尚贤使能运用得最成功的是唐太宗。《贞观政要》总结治国理政经验中，用贤和纳谏是突出的两条。一是选贤任能，俊杰在位。唐太宗认为："为政之要，惟在得人。用非其才，必难致治。今所任用，必须以德行、学识为本。"太宗有八贤：房玄龄、杜如晦、魏徵、王珪、李靖、虞世南、李勣、马周。其中既有秦王府旧属下，也有当初敌对营垒的谋臣，有的能文，有的尚武，有的出身名门，有的出身低微，只要忠心服务大唐，太宗皆不拘一格，给予信任重用，形成群英共治局面。房玄龄、杜如晦是太宗创业功臣。王珪、魏徵是太宗对手李建成的忠实属下，皆因性情刚直有见识，而成为太宗的谏官。李靖为隋的旧臣，能征战，太宗用为领兵之将，屡建奇功。虞世南为文学之宗，太宗依为文史智囊，谓其有五绝：德行、忠直、博学、词藻、书翰。李勣为智勇双全武将，太宗依为安边长城。

马周本为大臣常何的家客，太宗知其能而擢为大臣，屡有忠言而用之。于此可知太宗有识人之智、用人之量。太宗曾令封德彝举贤，封借口未见奇才而不作为，太宗批评他："君子用人如器，各取所长，古之致治者，岂借才于异代？正患己不能知，安可厚诬一世之人。"

二是从谏如流，兼听则明。历来创业帝王，自以为功高盖世，可以一言九鼎，喜听颂扬之声，厌恶批评之言。唐太宗过人之处，不仅在于其雄才大略，更在于其能集思广益，尤善纳谏，鼓励进谏，主动求谏，这在历史上是罕见的。《贞观政要》有《论求谏》《论纳谏》两篇，引太宗之言："人欲自照，必须明镜；主欲知过，必藉忠臣。主若自贤，臣不匡正，欲不败危，岂可得乎？"他以隋炀帝暴虐、臣下钳口、国遂灭亡为教训，鼓励下属做诤臣，以便"令耳目外通，下无怨滞"。他知道臣属慑于帝威，进言心怀恐惧，而欲谏诤，"必当畏犯逆鳞。所以每有谏者，纵不合朕心，朕亦不以为忤"，应"开怀抱，纳谏诤"，听得进逆耳刺耳之言，"不以犯颜忤旨，妄有诛责"。在这种宽松氛围里，出现了历史上著名的诤臣魏徵，其人有忠心、有见识、有胆略，以敢谏而留名青史。太宗与之讨论何谓明君、暗君，魏徵曰："君之所以明者，兼听也；其所以暗者，偏信也。"由于语言激切，魏徵也引起过太宗的愤怒。《隋唐嘉话》卷上记载，有一次太宗受不了魏徵的直言，回宫后说要杀掉这个田舍翁，文德皇后问谁触犯了他，太宗说就是魏徵，"每廷争辱我，使我常不自得"，皇后立刻穿朝服而拜之说："妾闻主圣臣忠，今陛下圣明，故魏徵得直言"，所以要拜贺。贞观十三年（639），魏徵上《十渐不克终疏》（收入《古文观止》），指出贞观之初太宗躬行节俭、内外康宁，而顷年以来，渐不克终，如到远方求骏马、市珍奇，轻用民力于营为，骄佚日增又杜谏者之口，昵近小人、疏远君子，尚奇异珍玩，用人由心好恶，以驰骋田猎为欢，忽略"君使臣以礼"，矜放而不专心治道，疲于徭役、百姓劳弊。句句直刺太宗心病，而太宗见疏自醒，表示："朕今闻过能改，庶几克终善事"，"列为屏障，朝夕瞻仰"，就是写在卧室屏障上，以便时刻得见而自励。君臣相得如此，才有贞观之治。荀子"尚贤使能"的思想，在贞观年间，在唐太宗与贤臣的关系上，得到了很充分的体现，因而促成了盛唐之辉煌。

明末清初大思想家王夫之著《读通鉴论》，以博大心怀、锐利眼光总结王朝兴亡历史经验教训。他对唐太宗用贤纳谏给予很高评价，其"太宗"卷说："亲亲之杀与尊贤互用而相成，唯唐为得之，宜其宗室之多才，独盛于今古也"，"太宗制谏官随宰相入阁议事，故当时言无不尽而治得其理"，"治惟其人，不惟其法，以王珪、魏徵为谏议大夫，房玄龄、杜如晦为宰相，而太宗之明，足以折中群论而从违不爽则可矣。必恃此以立为永制，又奚可乎？命官图治之道，莫大乎官各明其守，而政各任乎其人"，"夫谏官职在谏矣，谏者，谏君者也。征声逐色，奖谀斥忠，好利喜功，狎小人，耽逸豫：一有其几而必犯颜以诤。大臣不道，误国妨贤，导主贼民，而君偏任之，则直纠之而无隐"，"读太宗论治之言，我不敢知曰尧舜之止此也，以视成汤、武王，其相去无几矣"，"太宗曰：'未能受谏，安能谏人'，此知本之论也"，"惟虚则公，公则直；惟明则诚，诚则动；能自受谏者，所以虚其心而广其明也，谏者之能此者鲜矣。事上接下，其理一也。君不受谏，则令焉而臣民不从；臣不受谏，则言焉而天子不信"。以上王夫之就太宗之治而论尚贤用谏，有许多高明之论：一是兼宗法亲亲与尊贤使能而论之，给予贤臣谏官的作用以合理的地位；二是讲谏官与阁僚之间的互补，各有其长，太宗能折中而用之，使其相得而益彰；三是指出能受谏者才能谏人，因此要虚心广明，而这正是太宗过人之处；四是给予贞观之治以空前高度的评价，认为与成汤、武王相去无几。而王夫之之论正是对荀子尚贤使能论的发挥，又依据太宗治国理政的历史经验，加以深化，其借鉴意义更切实用，可列入治国宝典。

（七）爱民富民论

儒家民本主义源远流长，有三大要点：爱民、重民和富民，而爱民和富民是重民的基础。司马迁写《史记》，首立《五帝本纪》，所载五帝为黄帝、颛顼、帝喾、唐尧、虞舜，是当时流行的强势的中华民族祖源谱系，以传说为根据，积淀着先民集体的历史记忆，并非向壁虚构。中国人自称炎黄子孙，后来炎帝上升到"三皇"谱系，与神农氏合一，故《五帝本纪》从黄帝起始。其中说，黄帝"修德振兵，治五气，艺五种，抚万民，度四方"，"时播百谷草木"，"节用水火财物，有土德之瑞"。还记载了黄帝及同时代英杰发明了衣裳、养蚕、舟车、弓矢、屋室、文字、医药、律历等（当然是先民群体发明器物，不过以杰出人物为代表），使中华民族迈入文明时代。《尚书·尧典》说大尧"克明俊德，以亲九族；九族既睦，平章（平和章明）百姓；百姓昭明，协和万邦"。五帝的主要功劳：一是修德益民，二是治艺兴农，三是创造物品，四是和睦宗族，五是提高民智，六是友好惠邻。总之，仁德崇高，和谐为要，功业盛大，遂确立了中华民族民本、贵和、重德、创新的精神方向。

夏商周三代尤其周代，把民本主义提到新的高度，《尚书·周书》说："民之所欲，天必从之"，"虽有周亲，不如仁人。天视自我民视，天听自我民听"，"皇天无亲，惟德是辅，民心无常，惟惠之怀"，"民为邦本，本固邦宁"。以上文字笔者在论君民关系时已有引证，它是儒家民本主义的经典依据，其要义有三：爱民、重民、富民；爱民是初心，重民是根基，富民是目的。长期以来，学界主流认为今本《尚书》是《今文尚书》与伪《古文尚书》的合编，虽非原本，但它是古哲人智慧的结晶，当无问题，自流行以来，民本主义思想已深入历代政界人士和学人的心田，对政治生活产生了不可估量的影响。

孔子集五帝三代之大成，用仁学将民本、重德的传统提升为系统的理论。《中庸》说"仲尼祖述尧舜，宪章文武"。在《论语》里，爱民、重民、富民的讲论随处可见。孔子回答樊迟问仁，"子曰：'爱人'"（《颜渊》），这里的"人"是泛指，主体是百姓，故又说："泛爱众，而亲仁"（《学而》）。后来孟子讲得更清楚："亲亲而仁民，仁民而爱物。"（《尽心上》）孔子最关心的是百姓的安居乐业，圣人的志向就是这样的，当子贡问："博施于民而能济众"可称得上是仁人了吧？孔子回答："何事于仁！必也圣乎？尧舜其犹病诸。"（《雍也》）当子路问怎样做才算君子，孔子答以"修己以敬""修己以安人"。子路问：这样就行了吗？孔子进而说："修己以安百姓。修己以安百姓，尧舜其犹病诸！"（《宪问》）可知孔子的仁学核心在爱民。有子说过："孝悌也者，其为仁之本与！"（《学而》）这个"本"是指初心、出发点，要实现仁道，必须不断将仁心向外推到社会，即泛爱众而亲仁。再看重民，子贡问政，孔子回答要做好三件大事："足食，足兵，民信之矣。"子贡问：如逼不得已而舍掉三者之中一项是什么？孔子说"去兵"。子贡又追问：不得已要舍掉二者之中一项是什么？孔子说："去食。自古皆有死，民无信不立。"（《颜渊》）孔子的意思是国防、粮食固然很重要，没有这两项会造成灾难，大批人的死亡，但是假如没有民众的信任，国家就崩溃了。显然要取得民众的信任，执政者必须先尊重民众、信任民众。孔子认为国家要安定必须使百姓过上公正的生活，"丘也闻有国有家者，不患寡而患不均，不患贫而患不安"（《季氏》），意谓分配合理才能取得民众的拥护，这是国家的头等大事。事实也证明，贫困固然会引发民众抗争，但不甚穷苦却贫富悬殊更能引发社会动乱。再看富民，《子路》记载，孔子到卫国，冉有随从，孔子赞其地人口众多，冉有问：还要做什么？"曰：'富之。'曰：'既富矣，又何加焉？'曰：'教之'。"孔子认为一个人口众多的国家面临的头等大事是使人民富裕起来，人民生活改善之后便要进行道德教化。从孔子开始，富民与教民总是连在一起：前者满足生活需求，后者树立道德风尚。孔子弟子有若说："百姓足，君孰与不足？百姓不足，君孰与足？"（《颜渊》）这就是藏富于民的思想。《学而》说："子曰：'道（导）千乘之国，敬事而信，节用而爱人，使民以时'"，要节省财用，爱养民众，如有徭役要不妨碍农务。孔子提倡薄赋敛，对于聚敛的冉求，要弟子"鸣鼓而攻之"（《先进》）。《尧曰》："子曰：'因民之所利而利之，斯不亦惠而不费乎？'"孔子总是希望百姓得到实惠，能够改善生活。

孟子将仁学与民本紧密结合，把爱民、重民、富民连在一起讲论，要求社会管理者把仁民爱物的感情体现在切实解决民生问题上。他的理想是仁人在高位，"先王有不忍人之心，斯有不忍人之政矣"（《公孙丑下》），"不仁而在高位，是播其恶于众也"（《离娄上》），所以执政者是否有仁爱之心具有决定意义，而这种爱心每人都有，问题是要加以扩充并推己及人，"老吾老以及人之老，幼吾幼以及人之幼，天下可运于掌"（《梁惠王上》）。孟子清醒意识到，民心的归向是国家兴治的根本："得天下有道，得其民，斯得天下矣；得其民有道，得其心，斯得民矣；得其心有道，所欲与之聚之，所恶勿施，尔也。"（《离娄上》）就是说执政者要与民同甘共苦，务使民众获得幸福而远离苦难，圣王之道就在于上下一体，从而得到民众的充分信任和支持。孟子讲"民贵君轻"，其深刻含义就是君靠凝聚民心才能位安国治，如自我孤立便轻如鸿毛。如何使人民摆脱贫苦得到富足呢？孟子提出一系列要领：第一，"制民之产"，使民众有恒产，耕者有其田，做到丰衣足食："民之为道也，有恒产者有恒心，无恒产者无恒心"（《滕文公上》），因此"明君制民之产，必使仰足以事父母，俯足以畜妻子，乐岁终身饱，凶年免于死亡"（《梁惠王上》）。他设想，一户农民有五亩宅院，百亩耕地，用宅院树桑养蚕，畜养家禽，老年人就可以衣帛食肉；用百亩耕田种粮，数口之家就可以温饱。第二，"省刑罚，薄税敛"（《梁惠王上》），一要明德慎罚，二要减税少役，让民众有生产积极性以增加收入。第三，救济孤苦无援者。"老而无妻曰鳏，老而无夫曰寡，老而无子曰独，幼而无父曰孤，此四者天下之穷民而无告者。文王发政施仁，必先斯四者。"（《梁惠王下》）第四，执政者要与民同乐。孟子劝齐宣王实行仁政，齐宣王表示为难，理由是他本人好勇、好货、好乐、好色，无法自苦以利民。孟子说，王的爱好不必去掉，只须推广此心及于百姓，与民同乐，则百姓唯恐君王不乐。例如君王好色，则要使社会上"内无怨女，外无旷夫"（《梁惠王下》），没有不嫁不娶的单身男女，每个人都有家庭之乐、琴瑟之好，这样就可以实现王道了。第五，加强教育，德化民俗。在孟子眼里，爱民、富民必定重视教民，使民众成为文明人。孟子说："人之有道也，饱食暖衣，逸居而无教，则近于禽兽。"（《滕文公上》）故在富民的同时，要"谨庠序之教，申之以孝悌之义"（《梁惠王上》）。他提出五伦之教："父子有亲，君臣有义，夫妇有别，长幼有序，朋友有信。"（《滕文公上》）近代孙中山提出的民权主义和民生主义，都与孟子的民本主义息息相关，因而具有中国特色。

荀子讲爱民、富民是远承三代、近继孔孟，而且吸取战国中后期经验，讲得更丰满、更切实。荀子仁爱天下、护养生命、反对战争，以四海为一家。《儒效》认为"为人上者"要"忠、信、爱、利形乎下"，故强调："行一不义，杀一无罪，而得天下，不为也"，"四海之内若一家"，是一种大爱之心，与孔子、孟子完全一致。他经常将"平政""爱民"连用，将爱民、敬士、使能并举，且以爱民为首。《王制》说："故君人者，欲安，则莫若平政爱民矣；欲荣，则莫若隆礼敬士矣；敬立功名，则莫若尚贤使能矣。是君人者之大节也。"《富国》讲发展农业，使民富足，也就能使国家强盛："足国之道，节用而裕民，而善臧（藏）其余。节用以礼，裕民以政。彼裕民故多余，裕民则民富，民富则田肥以易，田肥以易则出实百倍。"所谓"节用以礼"是要上位者以礼行事，不铺张浪费；所谓"裕民以政"是要上位者在管理上使百姓能收入大于付出；所谓"民富则田肥"是说农民收入增多可以在改良土地、施肥增收上下功夫，形成良性循环，这样产出率就更高了。反过来也可以说，民贫则田瘠，生产下降，因而民更贫。还有，如同孟子讲轻徭薄赋那样，该篇讲"轻田野之税，平关市之征，省商贾之数，罕（少）兴力之役，无夺农时，如是则国富矣。夫是之谓以政裕民"。荀子虽然重农，却并不轻商，讲关市之税收要合理，以促进商品流通，利于民生。该篇还讲到救灾："若夫兼而覆之，兼而爱之，兼而制之，岁虽凶败水旱，使百姓无冻馁之患，则是圣君贤相之事也。"他批评墨子节用之说，认为自然资源足以富国富民，不必忧虑，而天下动乱才是天下贫苦的真正大患："墨子之言昭昭然为天下忧不足。夫不足，非天下之公患也，特墨子之私忧过计耳。今是土之生五谷也，人善治之，则亩数盆（计量器物），一岁而再获之；然后瓜桃枣李一本数以盆鼓（计算数量），然后荤菜、百疏（蔬）以泽量（满泽皆是），然后六畜禽兽一而剸车（载满一大车），鼋鼍、鱼鳖、鳅鳣以时别（产卵）一而成群，然后飞鸟、凫雁若烟海，然后昆虫万物生其间，可以相食养者不可胜数也。夫天地之生万物也，固有余足以食人矣；麻葛、茧丝、鸟兽之羽毛齿革也，固有余足以衣人矣。夫'有余'（疑衍文）不足，非天下之公患也，特墨子之私忧过计耳。"荀子认为自然物产十分丰富，只要认真劳作，丰衣足食不成问题。他说："天下之公患，乱伤之也。"真正值得忧虑的是"上失天时，下失地利，中失人和，天下傲（熬）然，若烧若焦"，必引起动乱。若"万物得宜，事变得应，上得天时，下得地利，中得人和，则财货浑浑如泉源，汸汸（滂）如河海，暴暴（突起）如丘山，不时焚烧，无所臧之，夫天下何患乎不足也。故儒术诚行，则天下大（泰）而富，使而功，撞钟击鼓而和"。荀子把天下安定富足看作儒术的价值目标和必然效应，因为儒家讲天时地利人和。进而又强调国之富与贫不能只看上位者的生活，首先应看民众生活如何，必须上下一起富才算国富："下贫则上（这里指国家）贫，下富则上富"，应做到"上下俱富"，他不赞成下贫上富的财富集中于少数权贵的不合理社会制度。他针对战国七雄一心富国强兵，进行兼并战争的形势，讲真正的霸业离不开仁义之道。《议兵》一篇记载荀子与赵国临武君议论用兵之要，说："凡用兵攻战之本在乎壹民"，"善附民者，是乃善用兵者也"，"壹民"就是统一民众的意志，"附民"就是符合民众的意愿，将两者结合起来，是善用兵。而当时七雄只讲法术权势，没有高远之理想，所以荀子点明："臣之所道，仁人之兵，王者之志也。君之所贵，权谋埶（势）利也；所行，攻夺变诈也，诸侯之事也。""好士者强，不好士者弱；爱民者强，不爱民者弱；政令信者强，政令不信者弱；民齐者强，民不齐者弱。"陈嚣（荀子弟子）对用兵以仁义为本有疑问，"仁者爱人，义者循理"，为什么要用兵呢？用兵皆是为了争夺土地财物。荀子回答："彼兵者，所以禁暴除害也，非争夺也。故仁人之兵，所存者神（平治），所过者化，若时雨之降，莫不说（悦）喜"，他举古圣王尧舜禹汤周文武以仁义之兵行天下为例，"近者称其善，远者慕其义，兵不血刃，远迩来服，德盛于此，施及四极"。荀子事实上坚信孟子（不是口头上）"仁者无敌"的主张，虽然有些脱离当时七雄争战的实际，所谓"迂远而阔于事情"（司马迁语），但他看到七雄如不施行仁义，无论何国实现统一中国的事业，都不会持久，当是一种远见。当时李斯臣事兵强屡胜的秦国，很迷信军事实力和法刑之威，故问荀子："秦四世有胜，兵强海内，威行诸侯，非以仁义为之也，以便从事而已（能据时势功为）"，荀子承认秦国常胜，但隐藏着种种危机，因为它舍本逐末，"此所谓末世之兵，未有本统也"。他指出，"凡兼人者有三术：有以德兼人者，有以力兼人者，有以富兼人者"，只有以德兼人（百姓安）和富民又能取得民众信任者，才能兼人而久。他进一步说："兼非易能也，唯坚凝之难焉"，"凝士以礼，凝民以政；礼修而士服，政平而民安；士服民安，夫是之谓大凝"。这才是王道。"凝"即凝聚士民之心。秦朝远未能实现大凝，而只"以力兼人"，荀子并不看好它的远景，后来历史也证明了李斯的误判和荀子的卓识，在当时，没有另一位思想家能不被一时现象所迷惑，保持头脑清醒，看得这么深远。《大略》依孟子仁政的思路，讲富民教民之道："不富无以养民情，不教无以理民性。故家五亩宅，百亩田，务其业而勿夺其时，所以富之也。立大学，设庠序，修六礼（吉、凶、嘉、军、宾、乡），明七教（君臣、父子、夫妇、兄弟、朋友、长幼、宾客），所以道（导）之也。《诗》曰：'饮之食之，教之诲之'，王事毕矣。"

以上所引所论可知，荀子的富民爱民思想有许多综合创新处：其一是把政治与爱民富民紧密结合，多次讲"平政爱民""裕民以政"，治国理政首要是爱民富民；其二是吸收重商思想，把重农与兼重工商业并举，讲平关市之征，讲百工之事，全面开发农、林、牧、副、渔各行各业；其三是讲"民富则田肥"，把富民与农耕的辩证互动关系讲完整了；其四是强调藏富于民，下富则上富，反对少数人垄断导致贫富分化，对于历代由于土地兼并而引起社会冲突有预见；其五提出"大凝"的新概念，执政者的成败在于能否真正尚贤使能、爱民富民把社会精英与大众凝聚成为一体；其六是对强秦有肯定、有批评、有提醒，尤其对其远仁义而尚强力表示了极大不满，加以警告，这是荀子留给后人的宝贵精神遗产，至今仍有借鉴作用。

荀子之后，把爱民富民思想用于治国并取得显著成效者，当属唐太宗。太宗重农薄赋，不夺农时，故息乱立国之后，百姓迅速富足起来。《贞观政要》有《论务农第三十》专论发展农业生产以富民，引太宗对侍臣说："国以人（民，因避讳而改民为人）为本，人（民）以衣食为本，凡营衣食，以不失时为本"，"人君简静乃可致耳"，为此要避免"兵戈屡动，土木不息"。皇太子行冠礼初定二月，太宗恐妨农时，令改用十月，并不顾及阴阳家的禁忌。太宗说："令省徭赋，不夺其时，使比屋之人恣其耕稼，此则富矣。敦行礼让，使乡闾之间，少敬长，妻敬夫，此则贵矣。但令天下皆然，朕不听管弦，不从畋猎，乐在其中矣。"太宗超越了一般帝王利用最高权位尽量满足个人权力欲与享乐欲，而能把关怀民生与教育作为自己的价值追求，此后大唐的兴盛是势所必然。

（八）君子守德论

君子是儒家道德的人格化，孔子、孟子、荀子论君子都很精彩。"君"最初表示权势，如"君王""国君""平原君""储君"等；又用以称呼男子，如"窈窕淑女，君子好逑"（《诗经·周南·关雎》）。从孔子起，"君子"主要用于称呼有德者，并常常将"君子"

与"小人"对举,"小人"是缺德者,用以衬托"君子"德操高尚。《论语》中讲君子有107处,精彩之言很多,如:"君子道者三,我无能焉:仁者不忧,知者不惑,勇者不惧"(《宪问》),"君子坦荡荡,小人常戚戚"(《述而》),"君子之德风,小人之德草,草上之风必偃"(《颜渊》),"君子求诸己,小人求诸人"(《卫灵公》),"君子上达,小人下达"(《宪问》)。其中有两句最具代表性:"君子喻于义,小人喻于利"(《里仁》),"君子和而不同,小人同而不和"(《子路》),即是说,君子把社会正义放在首位,以义制利、以义导利,因而对人宽容,善于尊重不同人群、不同见解,建立彼此和谐关系;而小人总是把个人私利放在首位,损人而利己,故拉帮结伙,排挤异己。孟子讲"君子莫大乎与人为善"(《公孙丑上》),"君子以仁存心,以礼存心"(《离娄下》)。孔子和孟子还讲了成为君子的方法即修养的诸多途径,如"见贤思齐""下学而上达""过则勿惮改""内省不疚""养心莫善于寡欲""存其心,养其性",等等。《易传》里的君子之论是其阴阳哲学在人格上的体现,其名句是:"天行健,君子以自强不息"(《乾卦·象辞》),"地势坤,君子以厚德载物"

（《坤卦·象辞》），"子曰：君子进德修业，忠信所以进德也，修辞立其诚所以居业也"（《乾卦·文言》）。"自强不息"就是不甘落后、不怕艰难、努力奋进，"厚德载物"就是关爱生命、包容他者、与万物为一体。《大学》亦多处讲君子，如："君子必慎其独也"，"君子有大道，必忠信以得之，骄泰以失之。生财有大道，生之者众，食之者寡，为之者疾，用之者舒，则财恒足矣。仁者以财发身，不仁者以身发财"。《中庸》以诚论君子："君子而时中"，"好学近乎知（智），力行近乎仁，知耻近乎勇"，"诚者物之终始，不诚无物。是故君子诚之为贵"，"君子尊德性而道问学，致广大而尽精微，极高明而道中庸。温故而知新，敦厚以崇礼"。中国人心中，圣贤是做人的最高标准，普通人可望而不可即，虽不能至，而心向往之。有德君子却是一般人通过努力可以达到的，众人要努力修身，避免下堕为缺德小人，而上达为君子，使自己有人格尊严，并受到社会称誉。逐渐地，推尊君子人格成为中华民族的一种集体意识，使"五常"（仁义礼智信）、"八德"（孝悌忠信礼义廉耻）活化为道德群英，带动社会移风易俗，发挥道德自律和舆论监督作用。这是法律所无法代替的。

荀子的君子论也很有深度和高度，继承孔孟又开拓出新境界。其《不苟》篇主论君子，故又可称为"君子篇"。其他篇讲君子所在多有。《不苟》上来就评味君子的一系列品格，说："君子行不贵苟难，说不贵苟察，名不贵苟传，唯其当（得当）之为贵。""苟"是单纯追求之义。荀子认为，君子做事不以追求难事为可贵，论说不以苟察立异为可贵，名声不以千方百计传之后代为可贵，而以是否正当即是否合于义为可贵。那些奇说邪行者（指申徒狄、惠施、邓析、盗跖等）为君子所不贵，"非礼义之中也"，可见，正当与否的关键在是否合于礼义。"君子易知（交往）而难狎，易惧而难胁，畏患而不避义死，欲利而不为所非，交亲而不比，言辩而不辞，荡荡乎（心志宽大），其有以殊于世也。"这段话的意思是说君子也是人，具有普通人的性情，如喜欢与人交流，有惧怕心理，有忧患之虑，有利益需求，有要好的朋友，说话讲究明白通达；但君子言行有底线，有边界，那就是不能去猥亵他，不能去胁迫他，为了正义可以去死，不会损人利己，有好朋友决不相互勾结，能言善辩而不强辞夺理。可见，君子既与众人相近又高一层，没有道德自觉是做不到的。该篇进而通过君子、小人对举论述君子与小人之区别不在能力大小，而在对待他者的心胸与态度上："君子能亦好，不能亦好；小人能亦丑，不能亦丑。君子能则宽容易直以开道（导）人，不能则恭敬缚绌（谦虚退让）以畏事人；小人能则倨傲僻违以骄溢人，不能则妒嫉怨诽以倾覆人。故曰：君子能则人荣学焉，不能则人乐告之；小人能则人贱学焉，不能则人羞告之，是君子小人之分也。"这里讲君子心路时用"宽容"一词表达胸怀广大，在中国思想史上是首见；讲君子与小人种种区别时，强调君子谦虚好学，而小人"妒嫉怨诽"，在实际生活中，妒嫉心是损害人际关系的最常见的不良心理；是见贤思齐还是嫉贤妒能是判定君子抑或小人的重要标准。该篇接着讲君子不走极端的中庸品格："君子宽而不僈（慢），廉而不刿（伤人），辩而不争，察而不激，直立而不胜（盛），坚强而不暴，柔从而不流，恭敬谨慎而容；夫是谓之至文。"其中"柔从而不流"正与《中庸》"和而不流"相通，该篇讲做君子不易，君子要时刻明辨是非曲直又有灵活性，做到左右逢源，自如应变："君子崇人之德，扬人之美，非谄谀也；正义直指，举人之过，非毁疵（诽谤挑剔）也；言己之光美，拟于舜、禹，参与天地，非夸诞也；与时屈伸，柔从若蒲苇，非慑怯也；刚强猛毅，靡所不信（伸），非骄暴也。以义变应，知当曲直故也。"君子能扬他人之美，这是一般人不易做到的。自古就有"同行是冤家""文人相轻"的风气，同行之间相互贬斥容易，而彼此称赞很难，而恰恰是君子能立正风、去邪气，形成合作共进的局面。君子有以权行经之能，但需"以义变应"，这需要自觉磨炼而后方能行之，不是仅靠学问就能做好的。再往下，讲君子在各种情况下（包括顺境与逆境）都经得起考验，"通则文而明，穷则约而详"；小人不论何种情况皆举措失当，"通则骄而偏，穷则弃而儑（志趣卑下）"。然后归结为一句话："君子者，治礼义者也。"那么，君子如何修养？"君子养心莫善于诚，致诚则无它事矣，唯仁之为守，唯义之为行。"以诚心守仁行义则有神明之效，"谓之天德"，有天之高尚、地之厚载、四时之常规，这样才能化万民，故"夫诚者，君子之所守也，而政事之本也"。归根结底，至诚如神，守仁行义不计其他，必为君子，而能博施济众。荀子把君子品格多方位展开，有放有收，繁而有纲，约而多目，可用"理一分殊"形容之。

　　《荣辱》有两处与君子品格相关。一处是"与人善言，暖于布帛；伤人以言，深于矛戟"，这是经验之谈。君子成人之美，对方心存感激；小人恶语伤人，且被伤者难以忘怀，是人际关系的大忌讳。另一处是"材性知能，君子、小人一也。好荣恶辱，好利恶害，是君子、小人之所同也，若其所以求之之道则异矣"。"仁义德行，常安之术也，然而未必不危也；污僈突盗，常危之术也，然而未必不安也。"荀子指出：君子与小人之别不在好荣好利的本性上，也不在一时效果好坏上，而在动机即价值追求的不同上。君子坚持仁义德行，并非总是得到平安，有时会遇到危难，却不畏惧；小人奉行诡诈诲盗之术，有时也能得到好处，但为君子所不齿。这就是讲君子要不忘仁义之初心。《儒效》讲君子修己积德而尊道，不在乎社会地位的高下、财富的多寡："君子无爵而贵，无禄而富，不言而信，不怒而威，穷处而荣，独居而乐；岂不至尊、至富、至重、至严之情举积此哉！""君子务修其内而让之于外，务积德于身而处之以遵道。如是，则贵名起如日月，天下应之如雷霆。故曰：君子隐而显，微而明，辞让而胜。"在荀子眼里，君子之德能自然树立起崇高的威信，引领社会文明不断前行。《法行》中记孔子用玉比喻君子气象：
"夫玉者，君子比德焉。温润而泽，仁也"，这与《论语·学而》里子贡的话"夫子温、良、恭、俭、让以得之"是相通的，仁人之心有爱、有温度，对人的态度是温和的，使人感到温暖，如玉般地温润而泽人。该篇还记孔子的话："君子有三思，而不可不思也：少而不学，长无能也；老而不教，死无思也；有而不施，穷无与也。是故君子少思长，则学；老思死，则教；有思穷，则施也。"强调做君子是从小就要学习的事，是老年还要传给后代的事，是自己有体会（加上有财富）应当施于他人的事，是永远做不完、正在进行中的事。从以上数篇可知，学做君子要处处体现在生命的提升和行为上，还要把学与教结合起来，如孔子所说：学而不厌，诲人不倦。

孔孟荀及其后学的君子论影响中国道德传统两千余年，传承不绝。直到近代，虽然儒家遭到西化派贬抑，但君子人格仍为社会舆论所推崇。民国三年（1914），梁启超到清华大学作《论君子》的演讲，以"自强不息"与"厚德载物"两句概括君子人格：所谓自强不息，一是指"自励"，"坚忍强毅，虽遇颠沛流离，不屈不挠"，二是指"自胜"，"摈弃自欲尚果毅"，能够"见义勇为"；所谓厚德载物，"言君子接物，度量宽厚，犹大地之博，无所不载。君子责己甚厚，责人甚轻"，"然后得以膺重任"。清华后来将"自强不息""厚德载物"定为校训，沿用至今。梁氏演讲之前的1898年，因变法维新而被杀的谭嗣同、林旭、杨锐、杨深秀、刘光第、康广仁六人被称为"戊戌六君子"；梁氏演讲之后的1936年，因呼吁联合抗日而被囚禁半年多的邹韬奋、沈钧儒、李公朴、王造时、章乃器、沙千里、史良，被称为"爱国七君子"。当代大哲学家冯友兰家有一副对联："阐旧邦以辅新命，极高明而道中庸"，活用《诗经》和《中庸》的君子论，意谓：研究中国哲学史要取其精华为建设现代化新中国提供借鉴，中国哲学要能够提升人的精神境界并同时运用于日常人伦之中。另一位大哲学家张岱年将《易传》论君子之德的"自强不息"与"厚德载物"视为中华精神的两个主要侧面而为社会普遍认同。张先生曾在20世纪50年代中期运用

孟子的话："天下有达尊三：爵一，齿一，德一。朝廷莫如爵，乡党莫如齿，辅世长民莫如德。恶得有其一而慢其二哉？故将大有为之君，必有所不招之臣；欲有谋

焉，则就之。其尊德乐道，不如是，不足与有为也。"
（《公孙丑下》），他从中提炼出君子"以德抗位"，因而
在反右派运动中被划为"右派"，虽遭受磨难而一生仍
直道而行。可知做君子之不易，却总有人不断追求。

（九）劝学修身论

《荀子》一书开篇两论：《劝学》与《修身》，是中
国教育史上的名篇。前者重点在讲教与学，后者重点在
讲修以成人，皆为世所传诵。儒家向来重视教育，形成
深厚传统。孔子一生主要事功在教学，开创了平民教育
之先河，前后有弟子三千，其中著名者七十二人，不
愧是伟大的教育家。他"有教无类"（《卫灵公》），面
向社会各阶层；所教内容为"文、行、忠、信"（《述
而》），"文"是古典文化，"行"是践行道德，"忠"是
关心和帮助人，"信"是言行一致；在教与学的态度上
是"学而不厌，诲人不倦"（《述而》）；在学与思的关
系上是"学而不思则罔，思而不学则殆"（《述而》）；
在教学方法上是"不愤不启，不悱不发，举一隅不以三
隅反则不复也"；他主张随时随地学习并虚心向他人请

教，"学而时习之，不亦说乎"（《学而》），"知之为知之，不知为不知，是知也"（《为政》），"三人行必有我师焉，择其善者而从之，其不善者而改之"（《述而》），"过则勿惮改"（《学而》）；要向历史学习，"温故而知新，可以为师矣"（《为政》）；要以学为乐，成为习性，"君子食无求饱，居无求安，敏于事而慎于言，就有道而正焉，可谓好学也已"（《学而》），"知之者不如好之者，好之者不如乐之者"（《雍也》）。以上孔子所创发的教育思想至今仍在熠熠生辉。

孟子亦重教育，他把"得天下英才而教育之"（《尽心上》）看作是君子三乐之一；他提出教育有五种方式，"君子之所以教者五：有如时雨化之者，有成德者，有达财者，有答问者，有私淑艾者。此五者，君子之所以教也"（《尽心上》）。孟子与他带出来的学生万章、公孙丑等相与答问而成《孟子》一书，宋以后列入四书，其中讲君子人格，讲心性修养，皆是其大教育学的有机组成，《孟子》在道德教化上影响中国传统社会后期人才的培育近千年。

与孟荀同时的《礼记》，内中有《学记》一篇。讲"君子如欲化民成俗，其必由学乎！玉不琢不成器；人

不学不知道。是故古之王者建国君民，教学为先"。讲
"学然后知不足，教然后知困。知不足，然后能自反也；
知困，然后能自强也。故曰教学相长也"。讲九年受教
过程："古之教者，家有塾，党有庠，术（指大于乡党
的地方）有序，国有学。比（每）年入学，中年考校，
一年视离经辨志，三年视敬业乐群，五年视博习亲师，
七年视论学取友，谓之小成。九年知类通达，强立而不
反，谓之大成。夫然后足以化民易俗，近者说（悦）服
而远者怀之。此大学之道也。"讲尊师重道："君子既知
教之所由兴，又知教之所由废，然后可以为人师也"，
"君子知至学之难易而知其美恶，然后能博喻，能博
喻然后能为师，能为师然后能为长，能为长然后能为
君"，"凡学之道，严师为难。师严然后道尊，道尊然
后民知敬学"。《学记》论教育的重要、方式、过程和
教与学的关系都很深刻，足证当时中华民族对教育的重
视程度已经很高。其语言文字表述风格极像荀子，是教
育史的重要文献。

荀子之后的大教育家当属唐代韩愈，他首倡尊孟，
他在《原道》中认为，"博爱之谓仁，行而宜之之谓义；
由是而之焉之谓道，足乎己无待于外之谓德。仁与义为

定名，道与德为虚位"。从此，"道德"的话语由老子道家讲宇宙之道转为主要由儒家使用于社会，"仁义道德"指向社会伦理。韩愈认为，儒家的仁义之道所形成的道统，"尧以是传之舜，舜以是传之禹，禹以是传之汤，汤以是传之文武周公，周公传之孔子，孔子传之孟轲。轲之死不得其传焉。荀与扬也择焉而不精，语焉而不详"，他在《读荀》中说："孟氏，醇乎醇者也；荀与扬，大醇而小疵。"他极力抬高孟子，对于荀子与扬雄虽也基本肯定，却认为尚不能列入道统正宗，从此开启了扬孟抑荀的思潮，这既有益于彰显孟子的贡献，同时也加深了世人对荀子的偏见，是不够公正的。韩愈复兴儒学，推动古文运动，其功绩巨大，但排斥佛教，缺少包容性，所提出的"人其人，火其书，庐其居"（《原道》）的主张是很偏激、很错误的。不过，作为教育家的韩愈对古代教育理论有丰富和发展。其《师说》讲师道："古之学者必有师，师者所以传道、授业、解惑也。"精确地归纳出教师的三大使命，即今日所说的立德树人、传授知识、解答疑问，而以传承仁义之道为首位。他认为师之为师在于闻道，不在贵贱，不在先后："是故无贵无贱，无长无少，道之所存，师之所存也。"又说："孔子曰：三人行则必有我师。是故弟子不必不如师，师不必贤于弟子，闻道有先后，术业有专攻，如是而已。"这就揭示了师的真正本质在于闻道而示人以榜样，现今讲师范是"德为人师，行为世范"，正是从韩愈《师说》中生发出来的。其《进学解》以师生对话的方式讲学习应有的态度。讲"业精于勤荒于嬉，行成于思毁于随"，提倡勤奋不懈和独立思考。他以弟子的语气说"先生口不绝吟于六艺之文，手不停披于百家之编。记事者必提其要，纂言者必钩其玄，贪多务得，细大不捐。焚膏油以继晷，恒兀兀以穷年，先生之于业，可谓勤矣"，夜以继日地读书，刻苦钻研六艺与百家，并随手作提要笔记，既博又专。"抵排异端，攘斥佛老，补苴罅漏，张皇幽眇。寻坠绪之茫茫，独旁搜而远绍；障百川而东之，回狂澜于既倒。先生之于儒，可谓有劳矣"，能够有选择地继承，不随潮流，敢于逆批主流意识，开风气之先，独立地拓进，并不计较利害得失，虽然其反佛不符合儒家"和而不同"的传统，但毕竟有自己鲜明的宗旨。以上两文皆是当今教育界反复运用的传统教育资源，内中受孔孟荀与《学记》影响的成分是明显的。值得一提的是韩愈在《进学解》中对孟与荀有平等的赞许："昔者孟轲好辩，孔道以明，辙环天下，卒老于行；荀卿守正，大论是弘，逃谗于楚，废死兰陵。是二儒者，吐辞为经，举足为法，绝类离伦，优入圣域，其遇于世何如也。"可见韩愈内心对荀子还是很敬仰的。

孔子、孟子、荀子（下文将重点论述）、《学记》、韩愈，五者构成中华教育思想的主体。当然，程朱与陆王尤其王阳明也有关于教育的精彩之论，不过都是在诠注经典中发挥出来的，是创新但非原创。在五大教育原典或名家中，荀子的原创思想不亚于孟子和《学记》。

荀子《劝学》与《修身》中原创之论颇多。《劝学》说："'青'（染青），取之于'蓝'（蓝草），而青于蓝；冰，水为之，而寒于水。"荀子在教学相长的基础上提出了更高一层的师生关系：好的老师能使学生超出自己，好的学生能超出老师，老师的最大成就在于培养出前代没有的优异人才。"君子博学而日参省乎己，则知（智）明而行无过矣。"学习途径有二：一是博学，二是省察，这是对《中庸》"尊德性而道问学"的发挥，即把学问与做人相结合。"蓬生麻中，不扶而直；白沙在涅（黑土），与之俱黑。兰槐之根是为芷（香草），其渐之滫（臭水），君子不近，庶人不服（佩戴）。其质非不美也，所渐者然也。故君子居必择乡，游必就士，所以防邪僻而近中正也。"这就是孔子强调的"益者三友，损者三友"（《季氏》），要"以文会友，以友辅仁"（《颜渊》）。《劝学》又说："施薪若一，火就燥也；平地若一，水就湿也。草木畴生（丛生），禽兽群焉，物各从其类也。"《易传·系辞上》说："方以类聚，物以群分"。天地间万事万物都是同类相聚，以其相同的特点而区别于另类事物。《劝学》看事物不是单个地看，而是从"类"的角度看，认为这样才能掌握其普遍性，引申到人的学习也必须是群体的学习，彼此切磋，共同提高。成年人要关心青少年交友，与君子交则可以成为君子，与小人交则可能成为小人，能不慎重吗？以上所论虽然皆有所本，但其比喻生动，贴近生活，为此前所未有。"积土成山，风雨兴焉；积水成渊，蛟龙生焉；积善成德，而神明自得，圣心备焉。故不积跬（半步）步，无以至千里；不积小流，无以成江海。骐骥一跃，不能十步；驽马十驾（十天路程），功在不舍。锲（刻）而舍之，朽木不折；锲而不舍，金石可镂（雕刻）"，"是故无冥冥之志者，无昭昭之明；无惛惛之事者，无赫赫之功"。这一段是名段，"锲而不舍"是表达学习和做事刻苦精进的名句。关于学习态度，荀子提出一个"积"字，即要长期积累，决不能急功近利，善学者不在智力高下，而在始终不渝地坚持，默默地苦读，从量变到质变，就是"积"。他还提出"神明"一词，是指心的睿智，它由积善成德而得到开启，从而与圣人之心相通。人本来都有心智，却往往被私利所蒙蔽，即所谓"利令智昏"，若尚义积德则心明眼亮。"学恶乎始？恶乎终？曰：其数（课程门数）则始乎诵经，终乎读礼；其义则始乎为士，终乎为圣人。真积力久则入（入门），学至乎没（死）而后止也。故学数有终，若其义则不可须臾舍也。为之，人也；舍之，禽兽也。故《书》者，政事之纪也；《诗》者，中声之所止（存）也；《礼》者，法之大分，类之纲纪也，故学至乎《礼》而止矣。夫是之谓道德之极。《礼》之敬文也，《乐》之中和也，《诗》《书》之博也，《春秋》之微（微言大义）也，在天地之间者毕矣（完备）。"这一段讲读六经的重要性，最后落实到礼义的践行上。在当时社会情况下，传承中华文化只有到六经中去体味其精华，它包括了道德教育、历史借鉴、审美熏陶、知识传授，学而行之是文明人，背而弃之便会下堕为禽兽。再加上荀子重礼，所以他强调"导之以德，齐之以礼"，把礼义制度的建设作为成士成圣的实践目标。其中"真积力久"一语，后来成为全真道丘处机大师修道的途径。"君子之学也，入乎耳，箸（著）乎心，布乎四体，形乎动静。端而言，蝡（微动）而动，一（皆）可以为法则。小人之学也，入乎耳，出乎口，口、耳之间则四寸耳，曷足以美七尺之躯哉？古之学者为己，今之学者为人。君子之学也，以美其身；小人之学也，以为禽犊（礼物）。"君子的为学是为了自身生命的完美，小人的为学是为了显示自己的才能，前者是内在的，后者是外在的。小人之学进入耳朵，接着就从嘴巴说出去，根本不经过头脑。而真正的学问是生命的学问，所学之道要进入生命之中，从而提升自己的精神境界和智慧。"学莫便乎近其人"，"学之经莫速乎好其人，隆礼次之"。真正的学习，不是学一些抽象的道理，而是向能体现这些道理的君子学习，使道理活起来，然后再增加礼法知识，用以约束自己。"是故权利不能倾也，群众不能移也，天下不能荡也。生乎由是，死乎由是，夫是之谓德操。德操然后能定，能定然后能应。能定能应，夫是之谓成人。天见其明,地见其光,君子贵其全也。"何谓成人?必须有德操,终生不改,不论外在的权利、众人、社会如何施压,人格也不会有变异。只有这样的君子才能有定力,有担当,光明磊落,做到为人的全而粹。总括起来,《劝学》把君子之学的各个层面都讲透了:学习的读本是六艺,学习的态度是"锲而不舍",学习的方式是"积善成德""学之经莫速乎好其人",教与学的关系是"青出之于蓝而青于蓝",知与行的关系是"布乎四体,形乎动静",学习的目的是"君子之学也以美其身",等等。最后落实到学以成人即"能定能应,夫是之谓成人",这恰是2018年第二十四届世界哲学大会的主题。其德操论的几个关键词是:"类",学离不开群;"积",学须长期积累;"全",学六经,懂历史、道德、美学、知能;"好之",喜欢君子,见贤思齐;"粹",人格完美,经得起各种考验。

《修身》是《劝学》的姊妹篇,进一步讲问学与修德、君子正身之道。"见善,修然(严肃认真)必以自存也;见不善,愀然(忧惧)必以自省也;善在身,介然(坚定地)必以自好也;不善在身,菑然(同'缁',被玷污)必以自恶也。故非我而当者,吾师也;

是我而当者，吾友也；谄谀我者，吾贼也。故君子隆师
而亲友，以致恶（极端厌恶）其贼。好善无厌（不满
足），受谏而能诫，虽欲无进，得乎哉？小人反是，致
乱，而恶人之非己也；致不肖，而欲人之贤己也；心如
虎狼，行如禽兽，而又恶人之贼己也。谄谀者亲，谏争
者疏，修正为笑（把批评当讥笑），至忠为贼，虽欲无
灭亡，得乎哉！"此段讲见善自存、见不善自省，与
孔子讲的见贤思齐、见不贤内自省是相同的；但它讲
的"师""友""贼"颇具新意。"非我而当者"即能够
纠正学生的错误的人，才有资格当学生的老师，因为老
师的水平一定要高于学生，才能对学生的不足提出中肯
的批评。"是我而当者"即能够欣赏我的优点的人才能
成为我的好友，这就是人们所说的志同道合，若彼此不
能欣赏，是难以成为挚友的。"谄谀我者"即对我阿谀
奉承的人，如不警惕，会给我造成伤害。在实际生活中
要分清何为师、何为友、何为贼不是很容易的，一般人
往往喜欢听表扬、不喜欢听批评，而对于表扬的话又往
往分不清是赞赏还是谄谀。于是君子修身，必须很清醒
地看准师、友、贼，"隆师而亲友"并防范贼己的人。
"扁（遍）善之度（法度）：以治气养生，则身后（寿

命仅次于）彭祖；以修身自强，则名配尧、禹。宜于时通（适合显达之时），利以处穷（也有利于在穷困中生活），礼信（确实）是也。凡用血气、志意、知虑，由礼则治通，不由礼则勃（悖）乱提僈（怠惰）；食饮、衣服、居处、动静，由礼则和节，不由礼则触陷生疾；容貌、态度、进退、趋行，由礼则雅，不由礼则夷固僻违（倨傲乖邪），庸众而野（庸俗粗野）。故人无礼则不生，事无礼则不成，国家无礼则不宁。"荀子主张兼行道家的养生和儒家的修身，以期达到彭祖那样的高寿和尧禹那样的名望，这就和孔子"朝闻道，夕死可矣"（《里仁》）有了区别。他认为，君子的一言一行、一举一动，都需要符合礼的规范，才能行有节制，才能雅而不俗。他的结论是："人无礼则不生"，人是文化人，在礼教中长大；"事无礼则不成"，人是社会人，做事只有符合礼义法度才能成功；"国家无礼则不宁"，国家由人群组成，无礼义法度不能安宁有序。由此而言，礼是修身、做事和治国的根基。这一主张，彰显了荀子注重礼治的思想特色。"以善先（倡导）人者谓之教，以善和（协调）人者谓之顺；以不善先人者谓之谄，以不善和人者谓之谀。是是、非非（是所当是，非所当非）谓之知（智），非是、是非（把是当作非，把非当作是）谓之愚。伤良曰谗，害良曰贼。是谓是、非谓非曰直。窃货曰盗，匿行曰诈，易（轻率）言曰诞，趋舍无定谓之无常，保利弃义谓之至贼。多闻曰博，少闻曰浅。多见曰闲（熟习），少见曰陋。难进曰偍（迟缓），易忘曰漏。少而理（条理）曰治，多而乱曰耗。"从此段可知荀子以礼修身有其内在的价值标准：一是善，与人为善；二是智，分辨是非；三是直，诚实不伪。这就保证了礼的道德方向。"治气、养心之术：血气刚强，则柔之以调和；知虑渐深（城府深），则一之以易良（平易善良）；勇毅猛戾，则辅之以道（导）顺；齐给便利（敏捷轻快），则节之以动止；狭隘褊小，则廓之以广大；卑湿重迟贪利，则抗（促进）之以高志；庸众驽散，则劫（约束）之以师友；怠慢僄弃（轻佻自弃），则炤（昭）之以祸灾；愚款端悫（质朴忠厚），则合之以礼乐，通之以思索。凡治气、养心之术，莫径（快捷）由礼，莫要得师，莫神一好（专一）。夫是之谓治气、养心之术也。"这一段话指明修身对于不同品格的人应有不同的侧重点，以便弥补其不足，如：刚强者要以柔性调和之，过于深沉者要用平易善良修补之，鲁莽者要用正道制约之，敏捷者要以循序节束之，狭隘者要用广大扩充之，贪利者要用志向提升之，懒散者要以师友训导之，轻佻者要用灾祸警示之，质朴者要以礼乐充实之。而这种种品性涵养方式中，最重要的有三：一是选择学礼的正路，二是求得严师的指点，三是专一而神明自出。这样，荀子的修身论既为有志于修为君子的世人提供了普遍性的法则，又为不同类型的人提供了多样性的路径。"志意修则骄富贵，道义重则轻王公；内省而外物轻矣。传曰：'君子役物，小人役于物。'此之谓之。身劳而心安，为之；利少而义多，为之；事乱君而通，不如事穷君而顺焉。故良农不为水旱不耕，良贾不为折阅（亏本）不市，士君子不为贫穷怠乎道。"这一段话中最重要的是"君子役物，小人役于物"，君子与小人的根本区别就在于：君子重道义从而看轻身外之物（富与贵），不作外物的奴隶，而作外物的主人；小人重富贵从而成为权势财货的附庸和奴仆。这一论断至今仍有其现实意义：许多人被权位、名利绑架，丧失了自我，蜕变为工具人、经济人，在追名逐利和尔虞我诈中沉沦；而真正的君子仍然坚守人格独立，淡泊名利权势，行正道而不畏各种外在的压力（包括贫困和灾害），不受各种物质的诱惑，而且有智慧运用政治与经济的力量为大众谋幸福。这如同孟子所说的"富贵不能淫，贫贱不能移，威武不能屈"（《滕文公下》）的大丈夫，有浩然正气。《修身》再次强调"礼"与"师"的重要性："礼者，所以正身也；师者，所以正礼也。无礼，何以正身？无师，吾安知礼之为是也？礼然而然，则是情安礼也；师云而云，则是知若师也。情安礼，知若师，则是圣人也。故非礼，是无法也；非师，是无师也。不是师法，而好自用，譬之是犹以盲辨色，以聋辨声也，舍乱妄无为也。故学也者，礼法也；夫师以身为正仪，而贵自安者也。""礼"是修身行事的标准，"师"是礼的人格体现，使人前行有导向有典范。"情安礼"即荀子在《礼论》中说的"礼者养也"，"礼义文理之所以养情也"，礼是养情的、"养欲"的，它不是理学家讲的"存天理灭人欲"，礼是人的情欲的适度，即"发乎情而止乎礼义"（《毛诗序》），使社会群体能正常有序生活。《修身》关怀青少年的成长："端悫顺弟（悌），则可谓善少（好少年）者矣；加好学逊敏焉（谦虚敏捷），则有钧无上（难以超过），可以为君子者矣。偷儒惮事，无廉耻而嗜乎饮食，则可谓恶少者矣；

加荡悍而不顺，险贼而不弟焉，则可谓不详（祥）少者矣，虽陷刑戮可也。"青少年是人成长的关键期，如果朴实而能敬长，再加以教育，便可成为君子；假若没有廉耻而只会吃吃喝喝，又任其放荡不羁，那么就会带来灾祸乃至犯法受刑。"君子之求利也略（不计较），其远害也早，其避辱也惧，其行道理也勇。"君子淡于利，能够自觉地远害避辱，但在践行道理时能够勇敢地去坚持正义。这是讲修身给予君子的品格。"君子贫穷而志广，富贵而体恭，安燕（闲逸）而血气不惰，劳倦而容貌不枯，怒不过夺（过分剥夺人），喜不过予（不过多赐予人）。君子贫穷而志广，隆仁也；富贵而体恭，杀势也（削减）；安燕而血气不惰，柬理（合理）也；劳倦而容貌不枯，好交（文）也。怒不过夺，喜不过予，是法胜私也。《书》曰：'无有作好，遵王之道；无有作恶，遵王之路。'（见《尚书·洪范》）此言君子之能以公义胜私欲也。"此段讲君子在不同境况下（如贫穷与富贵，愤怒与高兴，安逸与劳苦），如何把持自己，总的要求是用公义制约私欲，坚守"隆仁""志广""遵理"的原则，行中庸之道，避免过与不及，也就是孔子说的"温良恭俭让"（《阳货》）。

《劝学》与《修身》可以说是古代教育学的经典之作，详细而有纲要，深邃而有条目，比之孔子、孟子、《学记》和韩愈的教育论，是内涵最丰富、层次最完整、操作最切实的教育学说，当代教育工作者都应当熟读和深思之。

　　《荀子》中其他篇章亦有颇多涉及君子劝学、修身的论说，如《不苟》讲"君子养心莫善于诚"，"唯仁之为守，唯义之为行"；《荣辱》讲"与人善言，暖于布帛；伤人以言，深于矛戟"，"义之所在，不倾于权，不顾其利"，"今以夫先王之道，仁义之统，以相群居，以相持养"；《非相》讲"君子贤而能容罢（疲），知而能容愚，博而能容浅，粹而能容杂，夫是之谓兼术"；《儒效》讲"君子务修内而让之于外，务积德于身而处之以遵道"，"不闻不若闻之，闻之不若见之，见之不若知之，知之不若行之。学至于行之而止矣"；《解蔽》讲"人何以知道？曰心。心何以知？曰：虚一而静"；《性恶》讲"今使涂之人伏（从事）术为学，专心一志，思索孰察，加日县（悬）久，积善而不息，则通于神明，参于天地矣。故圣人者，人之所积而致也"；《大略》讲"学问不厌，好士不倦，是天府也"；《宥坐》

讲"君子博学、深谋、修身、端行以俟其时";《子道》讲"君子知之曰知之,不知曰不知,言之要也;能之曰能之,不能曰不能,行之至也。言要则知,行至则仁。既知且仁,夫恶有不足矣哉"。从以上引文可知,荀子凡讲到先王之道和君子养心时,都强调劝学修身的重要,只是角度与提法上与《劝学》《修身》略异。他之所以如此重视劝学修身,一个根本的出发点是化性起伪,是后天教育才能造就有德性、有智慧的君子。因此,教育便成为社会文明进步的基础;对个人而言,劝学修身是做君子不做小人更不做罪人的保证。

(十)神道化俗论

荀子是无鬼神论者,但他对鬼神之道的态度是温和的、包容的,开创了儒家理性主义宗教观的传统,形成治国理政以神道设教为处理宗教问题的基本方略,影响了中国两千多年。后代人对他的这一贡献的评估严重不足,应予以弥补。

夏商两代,尤其是商代,中国是一个政权与神权合一的国家,那时最高的神权掌握在君王手中,执政者用天神、祖灵、百鬼来论证中央政权合法性；但从西周开始到春秋时期，中国兴起人文主义思潮，出现第一次启蒙运动，有了初步的理性觉醒。表现之一是殷周之际形成的《易经》，经过《易传》的诠释，从占卜术转化为阴阳之道的哲学，用人事的变化来解说吉凶，迷信的成分大大减少，《易传》还提出了"圣人以神道设教，而天下服矣"（《观卦·象传》）；表现之二是强调天帝的意志要通过民众的意愿来表达，如："民之所欲，天必从之"（《尚书·泰誓上》），"天聪明自我民聪明，天明畏自我民明威"（《尚书·皋陶谟》）；表现之三是以德辅天，用德治来限制王权和神权，故曰："皇天无亲，惟德是辅。民心无常，惟惠是怀。为善不同，同归于治。为恶不同，同归于乱。"（《尚书·蔡仲之命》）春秋时期，无神论思想产生，如郑国贤相子产不同意用国宝祭神禳灾，说："天道远，人道迩，非所及也，何以知之，灶焉知天道？是亦多言矣，岂不或信"（《左传》昭公十八年）；随国大夫季梁说："夫民，神之主也。是以圣王先成民，而后致力于神"（《左传》桓公六年），把敬神放到重民的附属地位；稍后的周太史史嚚说："虢其亡乎！吾闻之：国将兴，听于民；将亡，听于神。神，聪明正直而一者也，依人而行。虢多凉德，其何土之能得？"（《左传》庄公三十二年）史嚚又进了一步，他认为神是明智、正直、爱民的，统治者不修其德，只一味迷信祭神，神也不会帮助他，这就把神道归结为人道了。

到了春秋末年，以人本主义为主导的儒家成为显学，其总的趋势是在不否定神道有一定作用的同时，强调儒学的人间性，对鬼神之道和死后问题采取存而不论的态度，而把注意力用在阐扬以仁为核心、以礼为规范的修身治国之道上。孔子"五十而知天命"（《为政》），"畏天命"（《季氏》）；推崇天的伟大："巍巍乎！唯天为大，唯尧则之"（《泰伯》），"获罪于天，无所祷也"（《八佾》）；认为自己肩负上天赋予的传承德性与周文化的使命："天生德于予"（《述而》），"文王既没，文不在兹乎？天之将丧斯文也，后死者不得与于斯文也；天之未丧斯文也，匡人其如予何！"（《子罕》）承认"死生有命，富贵在天"（《颜渊》）。孔子对于上天既敬而畏之，又亲而顺之，"天"对于孔子，主要是义理之天、生生之天和命运之天，而意志之天的色彩很淡，故说："天何言哉？四时行焉，百物生焉"

（《阳货》），"道之将行也与？命也；道之将废也与？命也"（《宪问》）。人在宇宙中是渺小的，应当对大自然的力量和社会力量有所敬畏，如此便不会轻举妄动，但不能消极无所作为，而应"尽人事而后听天命"。孔子把人事分成两种：一种是做君子还是做小人完全是个人的事，"仁远乎哉？我欲仁斯仁至矣"（《述而》）；另一种是寿夭、富贫贵贱与理想事业的成败，个人应积极作为，但最终结果只能由天命决定。孔子平日不讲鬼神之道："子不语怪、力、乱、神"（《述而》），不讲彼岸，主讲人事："季路问事鬼神。子曰：'未能事人，焉能事鬼？'曰：'敢问死？'曰：'未知生，焉知死？'"（《先进》）但是孔子又很重视祭祖和丧葬之礼，认为它能起到培植感恩之情和推动道德教化的作用，故曰："务民之义，敬鬼神而远之"（《雍也》）；"祭如在，祭神如神在"（《八佾》）；子张曰："祭思敬，丧思哀"（《子张》）；曾子曰："慎终追远，民德归厚矣"（《学而》）。孔子不热心于神道，但对于民间祭祀神灵之礼采取尊敬的态度，因为神道是教化人心的重要方式。由此可知，孔子宗教观的着眼点不在于从知识层面上考察神道是否真实，而在于从信仰层面上看神道（即古代敬天法祖教）所具有的道德功能；他不是单凭个人的好恶而是从整个社会的文明发展上来判定一种与心理相关的文化现象的价值，这是他高明的地方。孔子对天命鬼神的持中态度，影响到中华民族的性格，主流意识既不热衷于宗教，又不排斥宗教并能包纳宗教。这使得中国两千多年间没有成为政教合一的国家，治国以人本为主，又能用人本去会通宗教，包括各种本土与外来宗教。

孟子继承孔子，对于天命采取敬畏和积极顺应的态度，认为上天降任仁人志士，自己担负着拯救天下于乱世而达到平治的任务，故说："故天之将降大任于是人也，必先苦其心志，劳其筋骨，饿其体肤，空乏其身，行弗乱其所为，所以动心忍性，增益其所不能。"（《告子下》）又说："五百年必有王者兴，其间必有名世者。由周而来七百有余岁矣！以其数则过矣。夫天未欲平治天下，如欲平治天下，当今之世，舍我其谁也？"（《公孙丑下》）在孟子心中，"天"是融合意志之天、道德之天、命运之天为一体的，其中道德之天是主轴；天与人以"诚"相通："诚者，天之道也；思诚者，人之道也"（《离娄上》），后来儒家主流派以道德论天，便讲"仁者以天地万物为一体"（程颢《识仁篇》）。天与人既然皆具德性，那么也可以说"万物皆备于我，反身而诚，乐莫大焉"（《尽心上》）；人若想知天事天必须从扩充良心做起："尽其心者，知其性也。知性则知天矣。存其心，养其性，所以事天也。"（《尽心上》）孟子还将天命与民本相结合，强调天命顺从民意，圣王有天下是天之所授，从民意中即可窥知天意，如万章问，舜有天下，是否是意志之天谆谆命之，孟子说"否，天不言，以行与事示之而已矣"，"使之主祭，而百神享之，是天受之；使之主事，而事治，百姓安之，是民受之也"（《万章上》）。

荀子发展了孔子和孟子的人本主义，使之达到明白无含混的无神论的程度，这在儒学史上是第一次。同时，荀子又继承发扬了孔子、孟子神道设教的思想，使儒家无神论不脱离神道设教的主线，具有温和理性色彩，并有更为充实的论述。荀子宗教观和无神论的主要观点见于《天论》和《礼论》，其他篇章亦有所论及，可归纳为如下几点。

确认天的客观性和规律性。天是自然之天，没有意志，没有道德意识，不是人间的主宰，而是社会生存的自然环境，有其自身的运行规律，它影响人的生活，人应当认识其规律并加以治理，但天与人之间没有神秘的感应关系。《天论》说："天行有常，不为尧存，不为桀亡。应之以治则吉，应之以乱则凶。"大自然的变化按自身的规律进行，不会有意给圣王优待，也不会故意给暴君难看；但圣王能够"强本节用""养备而动时""修道而不二"，克服水旱、寒暑、怪异带来的灾祸，使社会富足安宁；而暴君却"本荒而用侈""养略而动罕（少储备而怠惰）""倍（背）道而妄行"，故有灾荒、疾疫、凶险；因此，乱世"受时（面临的天时）与治世同，而殃祸与治世异，不可以怨天，其道然也。故明于天人之分，则可谓至人（最明事理的人）矣"。荀子"明于天人之分"并非说天与人不相关，而是说天与人既有关系也有分别，各有自己的路数；人不应消极地听任天的支配，而应积极加以应对，利用自然，减少灾害；社会的治乱兴衰是人为的结果，不能把乱世归结为大自然的原因（不能怨天），要从社会自身找原因。这种天人关系论既是理性的又是积极的。"天有其时，地有其财，人有其治，夫是之谓能参。舍其所以参，而愿其所参，则惑矣。"人能制驭天时，利用地财，实现社会治世，天、地、人三者可以并列而互动，可见人的能动作用是伟大的；但人的能动作用是建立在"所以参"即明了天地运行规律基础上的，不能一厢情愿。"列星随旋，日月递炤，四时代御，阴阳大化，风雨博施，万物各得其和以生，各得其养以成，不见其事而见其功，夫是之谓神。皆知其所以成，莫知其无形，夫是之谓天。唯圣人为不求知天。"大自然的变化与万物的生成发展的更深层的内在动因是无形的，人们难以穷根究底，这就是"神"，并非有什么神灵。可见荀子并不否认大自然的奥秘是人难以窥知的，只是人在理性范围内致力于运用天时地利以达人和就可以了。荀子在意的是社会治乱与天的关系问题："治乱天邪？曰：日月、星辰、瑞历（祥瑞历象），是禹、桀之所同也，禹以治，桀以乱，治乱非天也。时邪？曰：繁启（众多萌芽）蕃长（茂盛）于春夏，畜（蓄）积收藏于秋冬，是又禹、桀之所同也，禹以治，桀以乱，治乱非时也。地邪？曰：得地则生，失地则死，是又禹、桀之所同也，禹以治，桀以乱，治乱非地也。""天不为人之恶寒也，辍冬；地不为人之恶辽远也，辍广；君子不为小人之匈匈（喧哗）也，辍行。天有常道矣，地有常数矣，君子有常体矣。君子道其常（常理），而小人计其功（功利)。"社会治乱与天、时、地没有关系，做君子还是为小人，也与天、时、地没有关系，这都是人事范围内的事情。可见，荀子明于天人之分，不是为了让人安于现状，恰恰要人担负起做人、做事、治国的责任。他的天人论的宗旨是："大天而思之，孰与物畜而制之！从天而颂之，孰与制天命而用之！"这是很有气魄的高论，表现出一位伟大思想家对人的能动性的高度自信和对天人关系的深邃的辩证思维。

以理性的态度对待自然界灾异现象。《天论》说："星队（流星）、木鸣，国人皆恐。曰：是何也？曰：无何也，是天地之变，阴阳之化，物之罕至者也。怪之，可也；而畏之，非也。夫日月之有蚀，风雨之不时，怪星之党（同'傥'，偶然）见，是无世而不常有之。上明而政平，则是虽并世起（同时出现），无伤也；上暗初政险，则是虽无一至者，无益也。""物之已至者，人祆则可畏也：楛耕（粗耕）伤稼，耘耨失薉（收成不好），政险失民，田薉稼恶，籴贵民饥，道路有死人，夫是之谓人祆；礼义不修，内外无别，男女淫乱，父子相疑，上下乖离，寇难并至，夫是之谓人祆"。所谓灾异不过是自然现象中的少见者，只要政治清明，并无危害；一般民间所传的"人祅"，并非真有其事，而最可畏的"人祅"是政险失民造成的灾害与道德混乱，这才是最可怕的。"雩而雨，何也？曰：无何也，犹不雩而雨也。日月食而救之，天旱而雩，卜筮然后决大事，非以为得求也，以文（文饰）之也。故君子以为文，而百姓以为神。以为文则吉，以为神则凶。""雩"是天旱求雨拜雨神的仪式，荀子认为这是一种徒劳的迷信活动，与下不下雨无关；日月食而祈祷、干旱求雨、卜筮决定大事，并不能达到预期目标，它只是民众应对灾异的一种文饰（即是文化）现象，可以缓解精神焦虑，满足民众的心理需求，丰富民间的文化生活。对于明智的君子而言，可视这些求神活动为民间文化而给予包容，并加以引导；对于百姓而言，他们是真心实意相信有神灵的，如果一味相信神灵保佑而不去采取应对灾害的措施，那便会真的引来祸患了。荀子在历史上第一次提出类似"宗教是文化"的概念，是了不起的，同时也提醒管理者不要使这些民间宗教活动影响了生产，他从管理学角度把精英与一般信仰者做了适当区分，为后来执政者超越自身对宗教的看法来处理他者的宗教信仰问题提供了智慧。

敬祭天地先祖是感恩报本。《礼论》讲人不能忘本，时刻意识到自己生命是从哪里来，回到哪里去，故要敬祭天地先祖并谨治丧葬之礼："礼有三本：天地者，生之本也；先祖者，类（宗族）之本也；君师者，治之本也。"这样，祭礼与人礼融为一体，使人念念不忘感恩报本，不如此，人将成为无情义之小人。《礼记·祭统》说："凡治人之道，莫急于礼，礼有五经，莫重于祭。"《礼器》说："礼也者，反本修古，不忘其初也。"《郊特牲》说："万物本乎天，人本乎祖，此所以配上帝也，郊之祭，大报本反始也。"《祭法》说："夫圣王之制祭祀也，法施于民则祀之，以死勤事则祀之，以劳定国则祀之，能御大祸则祀之，能捍大患则祀之。"《中庸》说："事死如事生，事亡如事存，孝之至也。"以上所引《礼记》若干篇之文，讲祭祀之功用在于报本反始，在于纪念英雄先祖，在于推行道德教化，其文大都出于荀子学派，故其思想与荀子《礼论》相通。《礼论》尤重丧葬之礼，故说："礼者，谨于治生死者也。生，人之始也；死，人之终也。终始俱善，人道毕矣"，"夫厚其生而薄其死，是敬其有知而慢其无知也，是奸人之道而倍叛之心也"，"祭者，志意思慕之情也，忠信爱敬之至矣，礼节文貌之盛矣，苟非圣人，莫能知之。圣人明知之，士君子安行之，官人以为守，百姓以成俗。其在君子，以为人道也；其在百姓，以为鬼事也"。荀子关于丧葬之礼提出两大观念：一是把丧葬作为人道的有机组成部分，它是培养敬爱先辈的忠信之道的必要途径；二是从不同社会阶层来对待丧葬之礼，圣人明了它的来源和意义，士君子心安理得地践行它，各级官吏用它来稳定秩序，老百姓则形成神道礼俗。如此明白地从社会管理角度谈论丧葬之礼的在先秦只有荀子及其学派，它超出了某一群体的视野，尤其超出了执政者和精英阶层自身观念的局限性，对于丧葬之礼在民间神道化俗中的社会功能有理性的认知，给予充分的尊重，这就是中国最早的温和无神论。从古到今，凡不是政教合一的国家，包括当代实行政教分离的发达国家，都把国家政治运作与宗教活动相分离，实行宗教信仰自由政策，不同群体的不同宗教都能合法存在，不强求信仰一律，但都必须遵守法律，也有益于道德建设。荀子神道化俗观本质上正是如此。

揭示神鬼观念产生的认识根源。《解蔽》说："凡观物有疑，中心不定，则外物不清；吾虑不清，则未可定然否也。冥冥（昏暗夜色）而行者，见寝石以为伏虎也，见植林以为后（立）人也，冥冥蔽其明也"，"夏首之南有人焉，曰涓蜀梁，其为人也，愚而善畏。明月而宵行，俯见其影，以为伏鬼也；卬（仰）视其发，以为立魅（妖怪）也；背（转身）而走，比至其家，失气（气绝）而死，岂不哀哉！凡人之有鬼也，必以其感忽之间疑玄之时正（定）之。此人之所以无有而有无（以有为无、以无为有）之时也"。中国民间的鬼魅崇拜，重要认识根源和心理根源之一就是不了解一些奇特的现象，尤其在夜色朦胧中行路，心里本来就恐惧，加上有病或醉酒，在恍惚间把感官感知的种种现象当作鬼魅，这就是"恐惧造鬼"之论。

不赞成以容貌知吉凶的看相之术，而要心术善。《非相》说："古者有姑布子卿（春秋郑国人），今之世，梁有唐举（战国魏国人），相人之形状颜色而知其吉凶、妖祥，世俗称之。古之人无有也，学者不道也。故相形不如论心，论心不如择术。形不胜心，心不胜术。术正而心顺之，则形相虽恶而心术善，无害为君子也；形相虽善而心术恶，无害为小人也。君子之谓吉，小人之谓凶。故长短、小大、善恶形相，非吉凶也。"例如："帝尧长，帝舜短；文王长，周公短；仲尼长，子弓短"，都不失为圣贤；"桀、纣长巨姣美"，却"身死国亡，为天下大僇（戮）"。决定一个人成为吉祥君子的不是外表而是内心之善。什么叫心术善呢？"法先王，顺礼义，党（亲近）学者"，"君子之于言（善）也，志好之，行安之，乐言之。故君子必辩。凡人莫不好言其所善，而君子为甚"，"是以小人辩言险，而君子辩言仁也"。总之，君子与小人的区别不在相貌，而在心术仁与否。

荀子温和又理性的无神论对后世影响最大者当推东汉王充。他著《论衡》，以"疾虚妄"为己任。其《自然》《物势》主天道自然无为，正是继承了荀子的《天论》。其《订鬼》对鬼神幻觉的分析，受启于荀子的《解蔽》。其《明雩》讲雩祭并无实效却可以神道化俗，直接来源于荀子《天论》。其《解除》批判"衰世好信鬼"，其《卜筮》《辨祟》《讥日》等篇批判世俗各种迷信，与荀子《天论》《非相》《解蔽》相通。《解除》说："凡人在世，不能不作事；作事之后，不能不有吉凶；见吉则指以为前时择日之福，见凶则刺以为往者触忌之祸"，"世人无愚智贤不肖，人君布衣，皆畏惧信向，不敢抵犯"，"奸书伪文，由此滋生"。他认为，求福之法，"在人不在鬼，在德不在祀"，"行尧舜之德，天下太平，百灾消灭"。王充虽然不信鬼神，却肯定丧葬之礼，其《薄葬》认为："夫言死人无知，则臣子倍其君父"，"圣人惧开不孝之源，故不明死人无知之实"，通过祭祀以行教化。其《祭意》说，祭天地、宗庙、社稷、五祀、山川乃礼之常制，"王者父事天，母事地，推人事父母之事，故亦有祭天地之祀，山川以下报功之义也"；社稷五祀之祭，"皆为思其德，不忘其功也"；"宗庙先祖，己之亲也，生时有养亲之道，死亡义不可背，故修祭祀，示如生存，推人事鬼神，缘生事死人，有赏功供养之道，故有报恩祀祖之义"。王充总结说："凡祭祀之义有二：一曰报功，二曰修先；报功以勉力，修先以崇恩。"他对祭祀的理论解释，既是无神论的，又是纳神道入人道的，在思路上与荀子《礼论》相衔接。

三、新荀学探讨

从 20 世纪末以来，荀学研究有复兴的趋势，这是一种可喜的现象。其大背景是改革开放以来，随着中华民族的伟大复兴，人们对中国传统文化的认知摆脱了近百年以来将传统与现代化相对立的错误认识，从文化自卑中醒悟起来，重新认识中华优秀传统文化的博大精深，挺立民族文化主体，视中华文化的复兴为中华民族的复兴的必要前提和精神支撑，文化自觉的程度大大提高了。就荀学研究而言，《荀子》一书是一座文化宝库，它吸引越来越多的学者去探宝、去开发，荀学研究也得到国家社科基金的支持；相关的学术研讨日渐活跃，两岸学者的互动加快了荀学复兴的步伐。近些年的荀学研究出现若干新趋势：一是重新解读《荀子》文本，对不同历史时期关于荀学的误读和偏见予以澄清；二是消除"扬孟抑荀"的思想影响，把孔子、孟子、荀子的学说统合起来；三是提出"新荀学"的设想并予以探讨，期望在新的时代条件下使它重新焕发生命力，为建设现代化强国提供精神资粮。学者张明《荀学历史与荀学复兴》（《中国社会科学报》，2018年12月11日）一文，回顾了荀学起伏的历史，综合了当前研究的现状，提到一些学者的新成果：如路德斌对荀子"性恶说"提出新解，对"以孟解荀"加以批评；梁涛强调"统合孟荀"，提议将《荀子》列入新"四书"；我国台湾学者刘又铭、日裔学者佐藤将之等提出建设"新荀学"的目标；路德斌主持"中国荀学史"课题，林宏星主持"荀子政治哲学研究"课题。陈菁霞写有一篇报道《学者称"当前荀子思想研究面临四大困境"》（《中华读书报》，2018年11月28日），在由邯郸学院、中国先秦史学会荀子研究会主办，中国人民大学国学院（荀子研究中心）协办的"荀子思想与道统重估"国际学术研讨会上，一些学者在肯定荀子研究规模扩大的同时，指出存在的四个问题：一是历史成见不易破除；二是性恶论与荀韩（韩非）关系难有新见；三是专题研究成果如何较快在中国思想史和哲学史课本中体现尚须努力；四是一些观点重复出现，如孟荀人性论不冲突，性恶为"结果恶"，性恶论实为"性朴"论，再就是对国外荀子研究成果缺少了解。这四个问题中的前三个问题确实需要解决，而第四个问题可以作为一家之言参与争鸣。据我所知，相关重要论著还有：孔繁《荀子评传》（南京大学出版社 1997 年版），康香阁、梁涛《荀子思想研究》论文选集（人民出版社 2014 年版），廖名春《荀子新探》（中国人民大学出版社 2014 年版），高春花《荀子礼学思想及其现代价值》（人民出版社 2004 年版），许春华《"美善相乐"——荀子〈乐论〉思想理路发微》（《第五届河北儒学论坛论文汇编》，2018 年10 月），高丽《论荀子的宗教向度》（《第五届河北儒学论坛论文汇编》，2018 年 10 月），赵法生《荀子人性论辨证》（《尼山铎声——"新仁学与儒学创新"专题》，人民出版社 2019 年版），周群振《荀子思想研究》（台湾文津出版社 1976 年版），段宜廷《儒家经济伦理：从荀子礼学谈起》（《孔子研究》2018 年第 6 期），谢耀亭《学以致道：荀子学论探赜》（《孔子研究》2018 年第 6 期）。此外，民国年间有陶师承编著《荀子研究》（大东书局 1926 年版），杨大膺编著《荀子学说研究》

（中华书局1936年版）。我自己从20世纪90年代开始关注荀子，写过相关论文有：《儒家宗教观与新人文精神》（《齐鲁学刊》1993年第4期），其中写有荀子；《儒家人性论与新人性论构想》（《齐鲁学刊》1994年第6期），其中对孔孟荀人性论做了比较；《荀子宗教观的当代价值》（《社会科学战线》2008年第6期）；《儒家荀子的总结》（《儒道佛三教关系简明通史》第二章第三节"一"，人民出版社2018年版）；《荀子对先秦儒学的独特贡献》（2018年秋，未刊）。

从最近二十多年研究荀子的论著看，荀学发展出现新的特点和趋势：一是学者在重视《天论》自然观的同时，愈益重视《礼论》的礼义观、礼法观，并与重建中华民族礼义之邦联系起来；二是对荀子人性论做多层面探讨，与孔子孟子人性论做异同比较，进一步发掘其积极意义；三是将荀学与当代社会管理学和经济学连接起来，拓展荀学作为群学的当代价值；四是揭示荀子宗教观的理性、包容精神及其对历代王朝宗教政策的深刻影响，可以作为今日社会主义无神论者处理宗教问题的历史借鉴；五是深入研究荀子的修身和教育思想，提升荀子教育学的历史地位，为当代教育改革提供大智慧。

新荀学建设仍然面临诸多难题，要使它成为一门大学问尚任重道远。我自己本着古为今用、对传统文化做创造性转化和创新性发展的指导思想，提出构建新荀学的设想，作为一家之言，参与学术讨论。荀子当年在齐国稷下学宫三为祭酒，故能综合百家，我们要继承和发扬这种百家争鸣的好传统，不仅要在新的条件下，包纳儒、法、墨、名诸家的精华，还要综合中西文化，把荀学与现代化建设联系起来，通过学术研究，给中华民族的团结和伟大复兴提供古圣贤的智慧。

（一）从群学到社会管理学

我国理论界一度受苏联"以阶级斗争为纲"论的影响，把阶级压迫看作是国家的唯一功能，严重低估了国家的公共管理功能，又把面向整个社会及文化的社会学视为"资产阶级的学问"予以取消。如果我们回到马克思、恩格斯，就知道情况并非如此。马克思在《关于费尔巴哈的提纲》中，指出："人的本质，并不是个别的个体所具有的抽象属性。就其现实性来说，它是一切社会关系的总和"，"旧唯物主义的立脚点是'公民'社会；新唯物主义的立脚点是人类的社会或社会化的人类"。恩格斯在《家庭、私有制和国家的起源》中以人类学家摩尔根《古代社会》为古史资料根据，探讨了国家的起源和功用，说："国家是社会发展到一定阶段上的产物。国家是社会陷入自身不可解决的矛盾中并分裂为不可调和的对立方面而又无力摆脱这种对立情势的表现。为了使这些对立方面，这些彼此经济利益冲突的阶级，不致在无谓的斗争中互相消灭而使社会同归于尽，于是一种表面上似乎驾于社会之上而用以缓和冲突，使这些冲突不致超出'秩序'范围以外的力量，就成为必需的了。这个由社会当中产生出来，但使自己驾于社会之上，而日益跟社会脱离的力量，便是国家。国家跟旧氏族组织不同的第一个特征，就是它按地域标准来划分其管治下的公民"，"第二个特征，就是公共权力的建立"。马克思和恩格斯在揭示国家是阶级压迫的工具的同时，以人类学与唯物史观的眼光，指出国家同时具有缓和阶级矛盾、平衡社会利益冲突、使社会有序运行的

功能，它是一种公共权力，即社会管理权。在讲到人的本质时，马克思强调的是人的群体性、社会性，在这里唯物史观与人类学汇合了。在这里，我们也看到荀子群

学与唯物史观惊人的相通性，所不同的是马恩讲阶级，荀子讲等级。我在这里还要强调，中国是社会主义国家，已经消灭了剥削制度，阶级斗争只在一定范围内一定程度上存在，而大量的是人民内部矛盾，各民族各阶层各群体之间在政治、经济上的根本利益是一致的。在新的时代条件下，人类学、社会学的创新和运用，比以往更为迫切和重要，社会管理学作为社会学的重要分支，正在成为一门应用广泛的大学问，荀子群学的开发和应用，会使社会管理学具有鲜明的中国特色。

荀子群学要义之一是"明分使群"。人类是群体动物，故高于禽兽；但一要有"分"即各有不同的职守，二要有"义"即公平的规则，否则天下大乱。他的群学已超出当时的血亲家族和贵族世袭，但承认等级的存在，由此探寻着整个社会管理的合理性。我们今天是社会主义社会，既要超出家族关系，也要超出阶级关系，使社会管理更加符合现代化的时代。社会主义社会讲平等，是指人人在法律面前平等和人的尊严要得到全社会的尊重，并不是没有差序、没有上下、没有阶层、没有族群，身份的差别是永远存在的，这是由社会的复杂性所决定的。因此，社会管理要以承认五大群体的长期存在为前提，即上下阶层的存在，不同行业的存在，不同领域的存在，不同宗教的存在，不同民族的存在。然后以最合理的方式调节它们内部的关系及它们之间的关系，使社会有序运行。我以为，吸收荀子群学的精华，融会西方现代文明，中国特色的社会管理学应当称为"人本的民主的社会管理学"。其特色：第一，以民为本，既不同于君主制时代的"君主民从"，也不同于资本主义时代的"富主贫从"，而是真正的"民主官从"。人民群众当家做主，实行自我管理或者推选代表实行间接管理。当管理者不能代表民意时，民众可通过合法程序予以更换。荀子的"君舟民水论"可以改称"官舟民水论"，人民载舟航行，以期达到幸福的彼岸，官员要时刻不忘民水载舟的付托，全力使舟正常行驶，决不能让舟在风浪里倾覆。第二，处理好政权系统与社会系统之间的关系，特别是政治与民族的关系。政府部门依宪法主导国家的大政方针，但不包办社会事业，如民营企业、宗教活动、民族关系等，而把注意力用在引导上。中国自古是一个多民族的统一国家，如何处理好民族问题关系到国家的长治久安。荀子虽然没有明确讲到边疆和民族问题，但他提出大国必须对周边有强大凝聚力。《非相》明确讲"宽容"，称之为"兼术"。《王制》提出王者要"凝其德"，"修友敌（匹配）之道以敬接诸侯，则诸侯悦之矣。所以亲之者，以不并（不兼并）也"。他提出两条：一是对不同文化能宽容，二是对诸侯以平等友好相待，因而有凝聚力，这正是中华民族作为文化和命运共同体能够绵延不绝的两个关键要素。受荀子影响的《淮南子》，其《齐俗训》说："入其国者从其俗，入其家者避其讳，不犯禁而入，不忤逆而进，虽之夷狄徒伙之国，结轨乎远方之外，而无所困矣。"当代大社会学家费孝通总结中华民族格局为"多元一体"，即它兼容多样性的各民族文化，同时又有强大的内聚力因而形成坚固的共同体。这在世界上是罕见的，现在中华民族的五十六个民族形成平等、团结、互助、和谐的新型关系，有其很深的历史渊源。第三，在社会管理不同领域和不同层次上，必须由君子群体起主导作用。现代社会，包括中国社会，从管理学的角度对各领域做出分类，大致有政治领域、经济科技领域、文化教育领域、民间社区领域、生态文明领域五大类。相应地，我们正在推进五大建设：政治建设、经济建设、文化建设、社区建设、生态建设。这五大建设要做好，必须造就一批君子，形成骨干。政界要反腐倡廉，需要清官廉吏作则带动；经济要健康发展，需要儒商队伍带头遵守市场伦理；文化教育要繁荣昌盛，需要人文精英开拓创新；社区村社风气淳厚，需要新乡贤团队德高望重；生态文明建设，需要各地有识之士与民众一起保护环境，节约资源。孔子说："君子喻于义，小人喻于利"（《里仁》），喻于义则必有文明行为，喻于利则不免损人利己，文明人的不断增多，五大建设才能顺利进行。孔子、孟子、荀子都重视君子之道而各有特色。荀子的君子论对于今日中国最值得发扬的有：其一，"君子役物，小人役于物"（《修身》），在市场经济条件下，不被金钱、财货所绑架，不作钱奴、房奴、车奴、权奴，而是运用环境的机遇与条件为民族振兴服务，才能成为当代真君子；其二，"君子养心莫善于诚"，"唯仁之为守，唯义之为行"，"公生明，偏生暗"（《不苟》），在管理岗位上办事公道，不走后门，光明磊落，这是官君子，能使政界气清风正；其三，"义之所在，不倾于权，不顾其利，举国而与之不为改视，重死、持义而不挠，是士君子之勇也"（《荣辱》），在社会风气不良的情况下，一些好人往往被歪风邪气所裹胁，只有仁智勇兼备的真君子，不随大流而坚守仁义，才能起到扶正去邪作用；其四，"君子易知而难狎，易惧而难胁，畏患而不避义死，欲利而不为非，交亲而不比，言辩而不辞"（《不苟》），君子也是平凡的人，在生活中与常人无异，只是关键时刻的表现高于常人，这就拉近了君子与众人的距离，鼓励人们在道德上要有信心，再向前跨一步，使君子群体逐步多起来，如此各项事业就改观了。这是荀子君子论具有现实主义风格的表现，因此在今日颇有可操作性。

我依据孔孟荀的君子之说，提出君子人格"六有"论。

一曰：有仁义，立人之基。

仁者爱人，义者行宜，乃是做文明人的根基；用生活化语言说，就是心地善良，行为端正。"樊迟问仁，子曰：爱人。"（《论语·颜渊》，以下只注篇名）孔子说："君子学道则爱人。"（《阳货》）"君子道者三，我无能焉：仁者不忧，知（智）者不惑，勇者不惧。"（《宪问》）"君子成人之美，不成人之恶；小人反是。"（《颜渊》）"君子义以为上。"（《阳货》）孟子说："君子以仁存心。"(《孟子·离娄下》，以下只注篇名）"吾身不能居仁由义，谓之自弃也。仁，人之安宅也；义，人之正路也。旷安宅而弗居，舍正路而不由，哀哉！"（《离娄上》）"君子莫大乎与人为善。"（《公孙丑上》）韩愈《原道》说："博爱之谓仁，行而宜之之谓义。"君子品德的第一要义是要有爱心即有良心或良知，关心人、帮助人、尊重人、体贴人，心要保有温度，不能变冷，更不能变黑，否则会失掉做人的根基，使他人遭殃，最终也会害己。居仁才能由义，有了爱心便会坚守正义，维护社会公共生活准则，促进社会安定和谐。那么，为什么社会生活不能没有良知爱心而一些人却会丢掉呢？这就要从人类生活的特点和人性的形成说起。人既是个体的存在（每个人有自己的需求、爱好与生活方式），同时又是群体性的动物和文化动物。人小时候离不开家庭、学校，成人后离不开社会与朋友，马克思在《关于费尔巴哈的提纲》中说："人的本质，并不是个别的个体所具有的抽象属性。就其现实性来说，它是一切社会关系的总和。"人本质上是一种关系的存在，个体的独立性只能在社会关系制约下的有限空间里存在。家庭中亲子相爱、同辈相亲是共同生活熏陶而成的。人与动物不同，文化代代相传，家庭与学校教育使人懂得与人为善，社会道德风气使人知道个体离不开群体。因此，恻隐之心人皆有之，爱人者人恒爱之，人们在相互关爱中享受着幸福；反过来，害人者人恒害之，人们在相互争斗损害中带来的只能是痛苦。这是人性的初心。儒家进一步要求有德君子将仁爱之心向外扩大，由爱家庭，到爱大众，爱人类，爱天地万物，把他人看成自己的同胞，把动植物看成自己的伙伴，这就是北宋大儒张载说的"民胞物与"。可是人性是善恶混杂的，善恶此消彼长：当群体意识强于个人欲求，善良便占上风；当个人欲求膨胀遮蔽了道德理性时，恶习便占上风。再加上社会利益集团的绑架，极端主义思维的洗脑，一些人便会扭曲人性，丧尽天良，非但做不成君子，也做不成一般好人，甚至比小人更坏，成为罪人。要做文明人必须成为君子，不仅有仁爱之心，而且能自觉成人之美，尤其在别人困急的时候，能雪中送炭。这就要求消解嫉妒心，以助人为乐以损人为耻。这是君子和小人的本质区别。在社会行为上，文明君子必然行事公正，不以利害义，不因私损公，还能够见义勇为，扶危济困。孟子说："恻隐之心，仁之端也；羞恶之心，义之端也"

（《公孙丑上》），《中庸》说："力行近乎仁，知耻近乎勇"，可知仁心要知行合一，正义要勇于捍卫，都不能停留在口头上。做到居仁由义，君子人格便有了基石，也便有了人的尊严。我们常说，人不仅要过得幸福，还要过得有尊严。"好死不如赖活着"的人生是君子无法忍受的。孟子很强调君子要有正义感，说："生亦我所欲也，义亦我所欲也；二者不可得兼，舍生而取义者也。"（《告子上》）可见仁义乃做人之本。

二曰：有涵养，美人之性。

人有向善之性，而无必善之理。人性中有动物性，积习不良会发展为恶性；必须有后天教育和修养，才能使善性成长，成为文明君子，经过刻苦努力才能使德性达到高尚的程度。故孔子曰："性相近也，习相远也。"以儒学为主导的中华文化一向重视社会道德教化和个人修身，形成一套涵养人性、修成君子的理论方法。

第一，孔子确立君子人格三要素："仁、智、勇"，他说："君子道者三，我无能焉：仁者不忧，知（智）者不惑，勇者不惧。"（《宪问》）《中庸》称其为"三达德"，其中"仁"是主轴，智、勇是行仁的必要素质和能力，缺其一，人格不能独立。《中庸》还进一步说明："好学近乎知（智），力行近乎仁，知耻近乎勇。"它指明修习三达德的着力点在于：求智要经由学习而得来，成仁要通过实践的磨炼和考验，毅勇要由知耻之心而生发。没有"仁"，君子人格便没有灵魂，没有智慧便不能辨别是非，缺乏勇气行仁不能持续。这君子人格三要素至今仍然适用于青少年的教育培养，尤其学校教育必须以立德树人为主，使学生能够居仁由义；智力教育要使学生掌握科学知识和独立思考研究的能力，以便为社会做贡献；培养毅勇精神使学生有克服困难、不怕挫折、不与恶俗同流合污的品格。一个人有此三者，才算是具有了完整的人格；培养出大批有独立人格的君子，才算是学校教育的真正成功。

第二，孔子儒家论述了修身的重要性和修习君子的目标。孔子说："古之学者为己，今之学者为人"（《宪问》），意思是古人学习是为了成全自己的人格，今人学习是为了夸耀于别人。《大学》做了进一步发挥："君子有诸己而后求诸人"，"自天子以至于庶人，壹是皆以修身为本"，因为"身修而后家齐，家齐而后国治，国治而后天下平"。这是儒家一条基本逻辑：学会做人才能学会做事，人能弘道，非道弘人。和顺幸福的家庭，为国为民的社会事业，都要靠人去建立，事业的成功决定于素质高的人，这样的人便是君子，而君子是自觉修习得来的，不是天然而能的，由此可知修身的重要性。君子以济世安民为己任，为此必须严于律己，不断提升自己的品格和能力，才堪担当大任。孔子把人天生之质朴称为"质"，把文采称为"文"，说："质胜文则野，文胜质则史。文质彬彬，然后君子。"（《雍也》）意思是：质朴胜过文采，人便粗野；文采胜过质朴，人便造作（像古代祝史官那样只精于文书），理想状态是有文有质，恰当配合，既朴素又斯文，这才是君子。孔子在《卫灵公》中将君子的全面素质说得更为具体："君子义以为质，礼以行之，孙（逊）以出之，信以成之。君子哉！"孔子弟子子贡形容孔子的风度时说："夫子温、良、恭、俭、让以得之。"（《学而》）即是温和、善良、庄重、俭朴、谦逊。总之，君子应当知书达理、文明礼貌、方正儒雅，在不知不觉中便令人起敬。

第三，儒家总结出君子道德修养的多种方式方法。现举若干项：其一，《中庸》："君子尊德性而道问学"，就是磨炼品性与切磋学问同时并举。一方面要在践履中体验和考验人品之优劣从而提升自己的精神境界，如孟子所云："存其心，养其性"（《尽心上》），如王阳明所云要"知行合一"，要"从静处体会，在事上磨炼"（《传习录》上）；另一方面要乐学不辍，如孔子所说："学而时习之，不亦说（悦）乎"（《学而》），"下学而上达"（《卫灵公》），"知之者不如好之者，好之者不如乐之者"（《雍也》），把学习作为人生乐趣，故"学而不厌，诲人不倦"（《述而》）。今日做君子，应当学好中华经典，如四书五经、《老子》、《庄子》、《史记》、唐诗宋词等，经典中积淀着中华文化的基因，里面有哲学、有历史、有道德、有文学、有先人开创文明的美丽故事，是涵养君子人格的人文学苑。经典训练可以陶冶人的性情，增长人的见识，了知中华文化博大精深，使自己成长为中国式的文明人。学与行必须结合，如程颢、程颐所云："涵养须用敬，进学在致知"（《二程集·论学篇》），"敬"即认真严肃，孔子说："修己以敬"（《卫灵公》）。朱熹很看重"敬"，谓"敬之一字"为"圣门之纲领，存养之要法"（《朱子语类》）。其二，从善如流，慎独改过。一个人生活的周围环境，总是有君子有小人，自己的思想言行也难免有对有错。孔子主张"见贤思齐，见不贤而内自省也"（《里仁》），"三人行必有我师焉；择其善者而从之，其不善者而改之"（《述而》）。君子善于学习，重要的方式是学别人的优点，而将其缺点引以为戒，省察自己，增强德性，改正错误。在学校向老师学习，也要学习同学的长处；在家庭向父母长辈和兄弟姐妹学习；在社会向同事朋友学习。孔子学无常师，他善于向古圣贤学习，向当时士君子学习，也经常与学生相互讨论，教学相长，故能集夏商周三代文化之大成于一身，成为万世师表。《荀子》认为"学之经莫速乎好其人"（《劝学》），要喜欢君子式人物，便会学做君子。《大学》和《中庸》都强调"君子必慎其独"，要求君子在独处而无旁人知晓和舆论监督的情况下，自觉履行道德准则，不欺骗别人，也不欺骗自己，这样才能使道德内化为性情，久之习惯成自然。从别人和自己的过失中学习是君子涵养的必经之路。总结错误的教训，敢于直面已经发生的偏差，是君子与小人的重要区别，故孔子说："人之过也，各于其党。观过，斯知仁矣。"（《里仁》）人的错误有不同类型，善于观察错误的成因从而有效改之，便是君子仁德的表现，因为它有益于社会大众。其三，严于律己，宽以待人。孔子说："躬自厚而薄责于人"(《卫灵公》)，一直达到"内省不疚"(《颜渊》)，这就是我们今天所说的：要多作自我批评。孔子弟子曾子说："吾日三省吾身：为人谋而不忠乎？与朋友交而不信乎？传不习乎？"(《学而》)即为他人办事是否尽心尽力了，与朋友来往是否信守承诺，古圣贤和老师传授的道理和知识是否能温习践行。君子并非不犯过错，只是能经常反省、知错必改，所以孔子说："过则勿惮改"(《学而》)，"改之为贵"(《子罕》)。孔子说过"君子求诸己，小人求诸人"(《卫灵公》)，强调君子遇到问题要增强自身应对能力去应对，小人则处处依赖别人。孟子加以发挥，认为君子做事出于好的动机却未能达到预期效果，首先想到的不是客观上条件不好，不是对方不配合，而是自身有什么不足，故曰："爱人不亲反其仁；治人不治反其智；礼人不答反其敬。行有不得者，皆反求诸己"(《离娄上》)，意思是：给人以爱却未能使之温亲，那就要检讨自己仁爱的真诚与方式是否存在问题；治理地方未能实现有序富足，那就要检讨自己的智慧有什么欠缺；礼貌待人却未能使对方答之以礼，那就要检讨自己是否真正做到尊重了对方的人格。可是生活中常见的现象是：一些人遇到表彰便出来把功劳归在自己名下，而出了差错便怨天尤人，把责任推给别人，自己洗得一干二净。我们现在讲批评与自我批评，讲"团结—批评—团结"，多年的实践表明，自我批评是基础，然后相互批评才有效，否则相互批评不仅达不到通过批评实现新团结的目的，而且造成不满和怨恨，可见自省是多么重要。其四，存心养性，情理兼具。心，良心；性，人性；情，情欲；理，理性。儒家修身，要保持善心良知，要涵养善性抑制恶性，要调节情欲使之适度，要增强理性而能明德。孔子说："克己复礼为仁"（《颜渊》），克己是克制私欲以符合礼（社会行为规范）的要求，从而使仁德外化为行动。孟子说："养心莫善于寡欲"，"存其心，养其性，所以事天也"。孟子认为天人相通，人性受于天而显于心，故尽心知性可以知天，存心养性所以事天。儒家都认为人有情感欲望乃是人性之自然，如欲富贵而厌贫贱是人人皆有的本性，但要有所节制。孔子主张以道导欲，《毛诗》主张"发乎情，止乎礼义"，孟子主张寡欲。在现实社会中，小人之所以是小人主要缘于私欲太盛，到了理性不能控制的程度，于是便发生损人利己的行为。如果私欲太膨胀，以至于利令智昏、名令智昏、权令智昏，便会不择手段，甚至违法乱纪，堕落为罪人，既害人，又害己。改革开放实行市场经济，生产力得到飞速发展，中国很快走上了富裕的道路。但是，由于中华传统美德经历了近百年的偏激主义的持续批判，其影响力已经大大削弱，再加上"文革"的影响，市场经济缺乏必要的伦理支撑，在发展中出现拜金主义狂潮，严重干扰了市场经济的健康运行，社会上假冒伪劣、坑蒙拐骗层出不穷，百姓深受其苦。道德君子，尤其是商界的君子，应当挺身而出，带头合法致富、劳动致富、诚信致富，共同抑制各种经济犯罪。中国人讲合情合理，既有情又有理，将两者统一起来。君子修身的任务之一是培养道德理性的自控能力，能够使自己从容面对各种物质诱惑而不动心。其五，要懂得惜福和感恩。社会发展有起有伏，有曲折有顺昌，在艰难时刻有许多人相互支援，在平顺时期的人更要惜福，幸福得来不易，要倍加珍爱。例如，我们曾经有过物资匮乏、生活困难的时期，如今人们富裕起来，商品丰富，吃穿住行都得到很大改善，儿童与青少年成长环境今非昔比，青壮年施展才干的空间成倍扩大，老年人能够安度晚年，享受天伦之乐，我们生逢此时，能不惜福感恩吗？一个人从小到大，到走向社会，到事业有成，不知得到过多少人直接或间接的帮助，便要有感恩之心，要知恩图报。中国自古便有一条道德训言：滴水之恩，必当涌泉相报。孔子讲"以直报怨，以德报德"（《宪问》）。而且诸恩是一生都报不完的。有的人不是这样想，而总是觉得别人欠他的，社会欠他的，从不想一下自己做得怎样，是否对得起国家和家庭对他的培养，或者把自己的业绩放大了，自以为了不起。这种心态是扭曲的、颠倒的，眼睛只盯着收益和权利，却丝毫不想尽应尽的责任和义务。

三曰：有操守，挺人之脊。

人要有尊严，必须挺直腰板，堂堂正正做人。在涉及人类公义和国家、民族、人民根本利益的大是大非问题上，在事关人格独立的原则问题上，要态度鲜明，坚守正道，毫不含混。这就是士君子一向看重的节操，是无法妥协的，更不能拿来做交易。在处理具体问题时则可以有灵活性，有时为了长远的全局的利益，甚至在局部利益上可以做出让步和妥协，但一定要有底线。一是要立志正大，且矢志不移。孔子说："三军可夺帅也，匹夫不可夺志也。"（《子罕》）内心的正义志向坚如磐石，没有任何外部力量能够改变它，死亡的威胁也无济于事。二是"刚健中正"（《易传》），不卑不亢，既不低三下四，也不盛气凌人；和而不流，既不与低俗同流合污，也不自大排他。三是经受得住各种严峻考验，如孟子所云："富贵不能淫，贫贱不能移，威武不能屈，此之谓大丈夫。"（《滕文公下》）为此要"善养吾浩然之气"，使其"至大至刚"，"配义与道"（《公孙丑上》），勇往直前而毫无怯懦之心。尤其在国家民族遭受外强侵略欺侮的关键时刻，仁人志士要如曾子所云："临大节而不可夺也"（《泰伯》），为了抗击邪恶势力，维护国家和民族的尊严，可以"杀身成仁"（《卫灵公》），"舍生取义"（《告子上》）。这是中华民族不畏艰难、衰而复兴的伟大精神力量。

四曰：有容量，扩人之胸。

君子与小人一个重要差别是：君子心胸开阔，能包容他者；小人心胸狭窄，结党营私。孔子说："君子和而不同，小人同而不和。"（《子路》）"和"是承认差异，包纳多样；"同"是自以为是，不容他者。由"和"生出"和谐"，乃是中华思想文化的主流，源远流长；由"同"生出"一言堂"，如不能同必然引起争斗，乃是一种支流。《国语·郑语》载，周太史史伯说："和实生物，同则不继。"意思是：多样性事物相遇才能产生新的事物，相同事物相加不会有新生事物出现。从此"和与同"便成为思想家经常论述的一对哲学范畴，并运用到社会生活各个领域，发挥了巨大的作用。《左传》昭公二十年载，齐国贤臣晏婴与齐景公论"和与同"："和如羹焉，水、火、醯（醋）、醢（酱）、盐、梅（梅子），以烹鱼肉，燀（烧煮）执以薪，和之以味，济其不及，以泄其过。君子食之，以平其心。君臣亦然：君所谓可而有否焉，臣献其否以成其可；君所谓否而有可焉，臣献其可以去其否。是以政平而不干（违背），民无争心。""声亦如味，一气、二体、三类、四物，五声成律，七音（宫、商、角、徵、羽、变宫、变徵）、八风、九歌（水、火、木、金、土、谷、正德、利用、厚生），以相成也。清浊、小大、短长、疾徐、哀乐、刚柔、迟速、高下、出入、周疏，以相济也。君子听之，以平其心，心平德和。故《诗》曰：'德音不瑕（玉之斑点）.' 今据（景公亲信大夫梁丘据）不然，君所谓可，据亦曰可；君所谓否，据亦曰否。若以水济水，谁能食之？若琴瑟之一专，谁能听之？同之不可也如是。"晏婴用和同之论来诠释美味肉羹是多种食物调料相济而成的，动听音乐是多种音阶、乐器、声调旋律配合而成的，那么健康的君臣关系，只能是和，不能是同，即君出的主意，臣要找其不足，君认为不好的事情，臣要指出其中的正确的成分，只有这样才能集思广益，互补所缺，统筹兼顾，政通人和，民心安定。自从孔子说了"君子和而不同，小人同而不和"与"礼之用，和为贵"（《学而》）以后，"和"文化成为做人、做事、立制的重要原则。成书于战国的《易传》说："乾道变化，各正性命，保合太和，乃利贞。"提出"太和"，就是和谐之至。又说："地势坤，君子以厚德载物。"还说："天下一致而百虑，同归而殊涂。"它认为多样性是天下文明发展的客观规律，既有大方向上的共同目标，又有各自发展的特殊进路，君子要包纳万事万物才能成其厚德。《中庸》说："万物并育而不相害，道并行而不相悖。"它强调万物的多样性和谐与真理的多样性统一，不能也不应唯我独尊、一家独大。

五曰：有坦诚，存人之真。

孔子说："君子坦荡荡，小人长戚戚。"(《述而》)坦荡就是心地光明磊落，没有不可告人的污浊之事，故心安理得。小人心怀鬼胎，故坐立不安。孔子未明言"诚"，但常言"直"与"信"，皆与"诚"相近。直就是真率坦诚，禀公行事，他说："举直错诸枉，则民服"(《为政》)，"举直错诸枉，能使枉者直"(《颜渊》)，又说："以直报怨，以德报德"(《宪问》)。贤臣必直，能得民心，且可校正佞臣（枉者）之失；孔子反对以怨报怨，也不赞成以德报怨，而是主张以直报怨，即直道而行，不去计较别人对自己的伤害。至于以德报怨，往往是少数宗教家所作为，目的是想用恩义来感化作恶者，一般人难以做到。孔子说："言而有信"(《学而》)，"民无信不立"(《颜渊》)，信就是守承诺，言行一致。《易传·文言》云："修辞立其诚"，疏云："诚谓诚实。"孟子讲"诚"，他说："诚者，天之道也；思诚者，人之道也。"(《离娄上》)诚，与伪相对，与妄相反，就是真实、有信，表里如一，不伪善，不欺瞒，做性情中人。孟子首次将"诚"提升到天道性命的高度，认为天地万物的存在和变化是真实无妄的，只有人类社会才出现伪诈，但文明要求人道效法天道，回归真诚无妄，即"反身而诚"。自身不诚无法打动别人，故说："悦亲有道，反身不诚，不悦于亲矣。"（《离娄上》）他又进一步指出："诚身有道，不明乎善，不诚其身矣！"（《离娄上》）"万物皆备于我。反身而诚，乐莫大焉。强恕而行，求仁莫近焉。"（《尽心上》）意谓：万物之道都能在自己身上有体现，物我相通，故应仁民爱物，以此为精神享受，有诚才有真仁真义，无诚必是假仁假义。在先秦时期，建立起系统的诚的哲学的是《中庸》，其作者像是孟子后学。《中庸》论诚，有深度，有高度。第一，提出"不诚无物""至诚不息""不息则久"。这是天道规律，假象终将破灭。第二，指出人道之诚有两种：一种是圣贤可以做到"不勉而中，不思而得，从容中道"，这就是"自诚明，谓之性"；一般人则须修道以教之，明善以导之，就是"自明诚，谓之教"。具体说来，要"择善而固执"，"博学之，审问之，慎思之，明辨之"。第三，说明诚的目标是"成己成物"。其公式是：至诚—尽己之性—尽人之性—尽物之性—赞天地之化育。第四，指明至诚的地位和作用在于"唯天下至诚，为能经纶天下之大经，立天下之大本，知天地之化育"。就是说，有至诚之人，才能确立国家发展的大经大本，推动万物健康发育流行，创造文明的新高度。总之，君子有坦诚，要求做人做事：一要做真实人，不做两面人，不戴假面具生活；二要开诚布公，说真话，做真事，不逢场作戏；三要信实可靠，一诺千金，言行一致；四要执着专精，百折不挠，不三心二意、有始无终；五要知错必改，不掩饰，不推诿，自觉承担责任。坦诚君子是真人，却不是完人，其性格率真，优缺点皆显露在外，别人不必揣度捉摸，不必防范戒备，其思想观点鲜明有个性，却不自以为完备，愿意参与百家争鸣，共同探讨真理。当然坦诚并不意味着口无遮拦、随意乱说，而要适时而说、因事而说，凡说必发自内心，有益社会。现代人讲隐私权，应予以尊重，不探听别人隐私，也不到处诉说自己的隐私，以免添乱。

六曰：有担当，尽人之责。

君子立志远大，有强烈的社会责任心和历史使命感，勇于承担重任，不愿意碌碌无为，也不屑于在个人小圈子里打转，而要在为国、为民、为天下的事业中实现人生的价值。孔子把"修己以安人"、"修己以安百姓"（《宪问》）作为社会理想追求，同时又赋予它以神圣的意义。《子罕》载："子畏于匡。曰：'文王既没，文不在兹乎？天之将丧斯文也，后死者不得与于斯文也；天之未丧斯文也，匡人其如予何？'"孔子在匡地受到围困，向弟子表示自信，说周文王之后，尧舜之道就体现在我身上了，上天如果要把圣人之道传下去，匡人就不能把我怎么样，我肩负着天命，故不畏惧。孟子也是以天下为己任，说："夫天，未欲平治天下也，如欲平治天下，当今之世，舍我其谁也？"（《公孙丑下》）孟子非但不把平治天下的责任推给别人，还认为自己要承担最主要的责任，因为它是天命所赋予的，表现出"舍我其谁"的大丈夫气概。在孔子、孟子心中，"天命"不是有意志的上帝，而是指向道德之天，表达文化人的历史使命。孟子认为要承担起这种救世的重任，此人必须在忧患中反复磨炼，树立起弘毅性格。他举古代圣贤事例，大舜是在田野中成长的，傅说（商代贤人）是从建筑苦役中提拔的，胶鬲（商纣之臣）是从鱼盐商贩中发现的，管仲是从牢狱中放出来的，孙叔敖是从海边请回来的，百里奚是从市场中举荐出来的，所以"天将降大任于斯人也，必先苦其心志，劳其筋骨，饿其体肤，空乏其身，行拂乱其所为，所以动心忍性，增益其所不能"（《告子下》）。君子一要敢于担当，二要能够担当，这就要经受艰苦的磨炼和考验。我们今天讲挫折教育，其意与孟子是相通的。《大学》一书，把士君子的担当归纳为修身、齐家、治国、平天下，后来"修齐治平"便成为中国士人的人生座右铭。《易传·乾卦·文言》曰："天行健，君子以自强不息。"要求君子不甘于落后，要有上进心，有事业心，有大作为，体现大自然赋予人的顽强生命力。《易传·系辞下》说："《易》之兴也，其于中古乎？作《易》者其有忧患乎？""《易》之兴也，其当殷之末世，周之盛德邪？当文王与纣之事邪？是故其辞危，危者使平，易者使倾。其道甚大，百物不废，惧以终始，其要无咎，此之谓易之道也。"它指出，殷纣王暴虐而天下危亡，周文王修德而人心归向，殷鉴不远，人们应当具有忧患意识，以纣为戒，故有《周易》之作，目的是指导国家总结经验，吸取教训，由乱而治。此后，忧患意识便成为中国士君子的深层意识，不仅在乱世要治乱兴邦，就是在治世也要居安思危，以免大意致祸。故孟子说："入则无法家拂士（辅佐之士），出则无敌国外患者，国恒亡。然后知生于忧患而死于安乐也。"（《告子下》）孟子认为国君要与民同乐忧，"乐民之乐者，民亦乐其乐；忧民之忧者，民亦忧其忧。乐以天下，忧以天下，然而不王者，未之有也"（《梁惠王下》）。与民同乐同忧就是曾子所说的"仁以为己任"（《泰伯》），它是士君子应当努力去做的。

（二）职业分工与社会和谐

荀子很重视社会分工与合作，其"明分使群"论就是讲这个问题。其中有宗法等级制的时代局限性，也有可以古为今用的普遍价值。他把社会人群大致分为三个级别：最上层的是君王（理想的是圣王），负责政令与用人；君王之下是士君子团队，负责出谋划策；最下层是群众，从事各项实业劳作。三者若配合得当，国家便会得到治理。《富国》说："人君者，所以管分之枢要也"，"德必称位，位必称禄，禄必称用，由士以上则必以礼乐节之，众庶百姓则必以法度制之"，"朝无幸位，民无幸生"。荀子认为等级是必要的，但人的等级身份要与品德、俸禄、能力相称。回观今日乃至未来之社会，等级仍会存在，但要合理。大体而言，有三个阶层：最上层是中央政府，中层是知识精英，下层是普通大众；三个群体之间并无贵贱之别，却有分工之异，中央政府要管治国理政之"枢要"即大政方针，知识精英要用思想和专业起智库的作用，普通大众要努力做好自己从事的工农商各项工作，三者缺一不可，各尽所能，各取所值。我们永远无法取消社会三大阶层，但合理的社会不应使三大阶层固化，而使彼此之间形成流动关系。荀子《王制》说："虽王公士大夫之子孙也，不能属于礼义，则归之庶人。虽庶人之子孙也，积文学，正身行，能属于礼义，则归之卿相士大夫。"中央政府中，位不称德称能者可予免职，任期已到者便退而为民间百姓；知识精英中适宜为官者可选入中央和各级政府，未有作为者可降为一般公民；普通百姓中显露才华者可升为官员或进入精英团队。在此过程中，坚决避免权力滥用和亲属提携之歪风。官员是民众推选出来的，是人民的公仆，不合格者人民有权撤换；知识精英是人民培养出来的，不成器者人民有权斥退；普通大众永远是多数、是主人，虽然不可能直接执政、不可能皆成精英，却是国家运行的决定性力量，是官员和精英的依靠，其代表有权监督官员和精英，其公民权利必须得到充分的尊重。

现在是网络时代，中国的网民人数和手机使用者是世界上所有国家中最多的，它给社会职业分工与人际和谐带来新的挑战：一是信息快速传布，不受地域限制，保护隐私权越来越困难；二是社会不同群体的不同声音都能随时通过网络传布到整个社会各阶层；三是正能量与负能量都可以通过网络得到放大，形成新的真善美与假恶丑博弈的战场；四是虚虚实实，真假难辨，不谙世事者容易上当；五是老年人的话语权在减弱，青少年的话语权在增强；六是各国都有网络专业队伍，也经常会遭遇敌对方网络入侵。这就给人们考察不同职业、阶层、集团的相互关系的真相并促进社会和谐带来空前难度。这是全新的课题，需要制定相应法律，需要社会各界合作加以应对，当代社会学也要为此而尽一份责任，最大限度发挥网络的优长，同时将其负面作用降到最小。

（三）共同富裕与合理等差并行

　　荀子与孔子、孟子一样，重视民生，向往民众富裕。《富国》认为，民众贫困不是财源不足，而是在上位者不能爱民，一味奢侈，聚敛不已，因此上富下贫，这样一来，"田野荒而仓廪实，百姓虚而府库满，夫是之谓国蹶（倾倒）"；只要明主"节用裕民"，"谨养其和，节其流，开其源，而时斟酌焉，潢然使天下必有余，而上不忧不足。如是则上下俱富，交无所藏之，是知国计之极也"。但是共同富裕不等于富裕的程度一样。这里有两个原因：一是人的身份位阶有高下之别，二是人的品性能力及勤勉的程度也有等差之异。《富国》说："礼者，贵贱有等，长幼有差，贫富轻重皆有称（相当）者也。"也就是要德称位、位称禄、禄称用，"量地而立国，计利而畜民，度人力而授事；使民必胜事，事必出利，利足以生民，皆使衣食百用出入相揜（同），必时藏余，谓之称数（合于法度）"，"朝无幸（侥幸）位，民无幸生"。从今日看，讲贵贱等级是荀子的历史局限性，但他强调按照业绩的大小各取其相应的报酬是对的，无论收入多寡皆是事功换来的，不是侥幸得来的，而且整个社会要做到"利足以生民"，"少者以长，老者以养"，也就是没有冻馁之人。荀子所表述的思想与墨子很一致，墨子认为人人都应以劳动维持生活，"赖其力者生，不赖其力者不生"（《非乐上》），"不与其劳而获其实"是不合理的，"上得且罚之，众闻则非之"（《天志》），由此社会的富裕程度必然有等差。荀子的思想又与社会主义按劳取酬的思想相通，反对不劳而获，人人（老弱病残除外）都要各尽所能，各取所值，因此生活水平并不一样。我们以前对社会主义社会认识不足，有不少空想成分，认为社会主义社会建成以后，所有的人都能享受最富裕的生活，人的物质生活需要都能得到满足。其实这是一种幻想，即使生产力高度发达，实现了大同社会，人们的物质文化生活需求也无法完全满足，否则社会就停止不前了。我们可以有新的设想：将来美好的社会，如马克思在《哥达纲领批判》中所说："劳动已经不仅仅是谋生的手段，而且本身成了生活的第一需要"；在物质生活上由于消灭了剥削，同时也消灭了"城乡""工农""脑体"三大差别，于是也就消灭了巨富（靠垄断和聚敛发家）和贫穷阶层（包括吃穿有困难者和刚能过上温饱生活者），全社会都脱

三、新荀学探讨

171

贫致富，实现了共同富裕的目标。但由于机缘和能力的不同，致富的程度有异：有大富，有中富，有小富。大富者保持较高生活水准，且能把多余财产捐给社会，自觉做公益事业；中富者占大多数，都能过上相当富裕的生活，而致力于追求精神文化的丰富性；小富者处在下端，能过上自给有余的自由自在的小康生活。大富、中富、小富三大阶层不是固化的，通过合理的竞争，有的上升，有的下降，这样有益于鼓励人们的积极性，使社会生产不断得到发展，这是一个永无止境的过程。中国改革开放四十年，经济发展神速，大部分地区实现了小康，群众生活有了很大改善。但是问题依然很多，如东部发达地区与西部民族地区的差距有的在缩小，有的在拉大，有些民族地区青年就业困难；一些城市过于膨胀，而大量农村空壳化、不景气，农民进城打工工资有限又不能享受城市市民待遇；贫富分化在一些地方仍在扩大，财富向少数家族汇集，大量农民的社会福利保障如医疗、养老、教育未能有效落实，覆盖面不广；不少民营企业由于力量弱，正当权益又得不到维护，因而停业，一些大型企业拥有丰富资源和行政支持而发达，不利于经济平衡运行；等等。因此，全面建成上下俱富的社会仍然任重而道远。

（四）礼义与当代法治的有机结合

一个良性治理的社会，必须兼顾秩序与正义。荀子《性恶》说："然则从人之性，顺人之情，必出于争夺，合于犯分乱理而归于暴，故必将有师法之化，礼义之道，然后出于辞让，合于文理，而归于治。""礼"即秩序，"义"即正义，乃是社会治理的两大要素；有礼无义则礼将"吃人"（五四先进人物语），有义无礼将无标准。《强国》说："隆礼尊贤而王，重法爱民而霸。""礼"代表秩序，但在中华法系中属于"软法"，即具有法律、道德、民俗三个层面的综合功能，它比单纯的法律（如西方的法）更具有心理和情感的约束力，因此，礼义之邦的传统必须恢复，再吸收当代西方海洋法系的细密和执行力，法治便可建设得更好。荀子《王制》讲："听政之大分（要领）：以善至者待之以礼，以不善至者，待之以刑。两者分别，则贤不肖不杂，是非不乱。贤不肖不杂则英杰至，是非不乱则国家治。若是，则名声日闻，天下愿（仰慕），令行禁止，王者之事毕矣。"他理想的社会是礼主法辅的社会：有法而无礼，不能凝聚人心；有礼而无法，不能制止混乱，两者并用才能做到令行禁止。《王制》讲法，强调法治离不开人治，而人治又离不开礼义培育的君子："有良法而乱者，有之矣；有君子而乱者，自古及今，未尝闻也。传曰：'治生乎君子，乱生乎小人。'此之谓也。"这里关涉法治与人治的关系问题，它在当代理论界仍有争议。有人斥责古代只有人治而无法治，这不符合历史，中国法制史可资借鉴。诚然，古代皇权确实常常破坏法权，但盛世还是重法的，即所谓"王子犯法与庶民同罪"。当代我们用相关法律反腐倡廉，很有成效，不过也会遇到这样的麻烦，即执法者腐败违法，使法律流于形式，这就要努力使执法者清廉，就是让有德君子群体来执法，他们不仅畏法不贪，更能从心里耻于贪赃枉法；因此，在推行法治建设时，吸收荀子隆礼义重法度的智慧是必要的。与此相关，当代理论界还争论德治与法治的关系问题：中央提出"以德治国"和"依法治国"并举，有人认为只提后者就可以了，德治与法治并举的提法会冲淡法治建设的重要性。这是把两者对立起来了。事实上无论是中国还是西方现代社会，都是德治与法治并举，不过德治与法治的具体内涵不同：中国是儒家文化为主的德主法辅，西方是基督教支撑社会道德，海洋法系形成法治体制。一个健康有序运行的社会，都需要形成民间的良好道德风尚作为基础，然后制定必要的法律以处置少数违法者。"法不治众"，没有道德的基础，法治将疲于奔命；没有法治的严格实施，少数人的违法或犯罪行为得不到制止，且会加剧负面事态，破坏公共秩序。但应当看到，中国历史上的德治传统今日需要吸收人类文明成果加以继承创新，但儒家"五常""八德"的主轴是不能取代的，它已经成为一种民族精神，必须发扬。而中国历史上的法治传统则不能很好适应今日全球化时代，要充分吸收西方法治的精神和经验，搞好民主与法治建设。一是增强法治意识，树立宪法神圣和法律面前人人平等的观念，做到缺法必补，执法必严，违法必究，用法律保护公民权利，遇到关涉公共事务的问题自觉寻求法律裁决，改变以往使用行政手段处理社会性纠纷的习惯。二是要分清问题的性质，有些属于道德范围的问题，主要靠批评教育来解决，有些属于法律范围的问题，要诉诸检察司法部门。三是要克服历史遗留的"权大于法"的负面传统，官员要依法行政，不论地位高低一律守法不二，没有特殊和例外，而且要起带头作用。四是要熟习国际法，在涉外事务中，自觉维护以联合国宪章为基础的各种国际法的尊严，平等互利，不干涉他国内政，和平共处，联合起来，反对极端主义和恐怖主义，推动人类命运共同体建设。五是加强法治监督，形成有效的内部外部监督机制，如内部的纪律检查，外部的民主党派监督、新闻舆论监督、民众的多渠道监督，真正做到政通人和。同时我们还要清醒地看到，西方发达国家的民主与法治，存在一系列缺陷，如：一是重法轻德，不论大事小事，动辄诉诸法律，家庭纠纷往往到法院解决，官司打完了，亲情也没有了；二是法律项目众多，诉讼烦琐、手续繁杂，一般人必须请律师代办，一桩官司，拖延数年并不稀奇，当事人精疲力尽，耗掉大批诉讼经费，穷者打不起官司；三是在国家层面政府更换、政党轮替的大选中，虽然有选举法作为规范，仍然出现资金介入、政党彼此攻击抹黑、对选民轻诺寡信等弊端，并不能实现公正的选举。因此，中国的民主与法治建设，在吸纳海洋法系时，要取其精华，弃其糟粕，洋为中用，并与中国的礼主法辅、明德慎罚传统相结合，走出自己的中国特色之路来。例如，实行人民代表大会制，进行各种立法，决定政府成员；同时实行各界精英即君子参与的协商民主，把顶层设计、智库出谋、民众意愿有机统一起来。在少数民族聚居地区，实行民族区域自治制度，在宪法框架下，推进各民族自我管理，以便体现中华民族多元一体格局。在当代美国与西欧，由于单边主义横行，造成连续不断的局部战争和难民问题，对内对外实行双重标准，霸权主义者在国际上无视民主与法治，所造成的灾难反过来对国内政治稳定、经济发展和民族、宗教关系带来严重危害，于是民粹主义兴起，一些政客迎合部分对社会不满的下层民众情绪化的诉求，不顾世界和平与安全，破坏国际秩序的稳定，激化国家、民族、宗教间的矛盾，使国际政治向战争的深渊下滑，全世界有识之士为之担忧。由此可知，只靠部分情绪强烈的民意来决定国家大计和国际走向，哪怕这部分民意的比重很大，都是十分危险的，因为他们不是专家，他们的诉求带有眼前和局部利益的色彩。而属于精英的君子群体，有学术研究的积累，有社会责任的担当，能够顾全大局，能够维护人民大众的长远的根本利益，因此，精英与民众的互动才是比较理想的政治。

（五）孔孟荀互补促教育改革

中国有深厚的以孔孟荀为代表的教育思想理论，又在两千余年发展中形成一套行之有效的教育体制和民间教育模式，培养出一代又一代的文化精英，成为社会文明进步的中坚。尤其在隋唐实行科举制以后，社会教育与国家统一的人才选拔相配合，教育获得了更大的动力因而更为昌盛。传统教育的途径可归纳为以下几点：一是从中央到地方到家族的教育系统——国家有太学，地方有乡校，家族有私塾，学生从小便诵读《三字经》《百家姓》等启蒙读物，稍大便诵习四书五经，通过经典教育，提升文化素养，其中佼佼者经过科举考试进入政界；二是官办和民办的各种书院在大学者带动下蓬勃兴起，著名的有岳麓书院、嵩阳书院、白鹿洞书院、应天府书院、东林书院等，培养出众多有独立人格、有学术根底的学者；三是家庭教育通过家训、家史、家范、家书而形成良好家风，使儿童从小便得到道德熏陶和知识启蒙，可以说大多数家庭都是一个个"学校"，父母以身作则，儿孙效法长辈，代代传承忠厚之风，这是古代教育最成功的地方。

近代以来，在西方势力和文化的猛烈冲击下，中国开始从传统社会向现代社会过渡。从清末戊戌变法起，清廷在教育上做了重大调整：废除科举，仿效西方，试办洋学堂。辛亥革命结束了两千年的帝制，建立民国，教育体制上也发生了根本性变化，大力向西方学习，创办各种新式学校，如大学、中学、小学及幼儿园，按照年龄和知识成长程度，依次升学，教学内容上废弃读经，学习新式知识，培养专业人才。中国最有影响力的两所大学北京大学和清华大学就是清末民初在西学进入中创建的。北京大学的前身京师大学堂创于1898年，1921年更名为国立北京大学，严复为首任校长。清华大学的前身是清华学堂，建于1911年，1912年改名为清华学校，1928年定名为国立清华大学。两校被誉为中国最高学府，大师云集，大家辈出，成为全国高等学校的领头雁。新式教育的优势是明显的：一者可以形成全国统一的体制和教材；二者可以迅速向各地普及，使大量青少年接受正规教育；三者可以摆脱"学而优则仕"的独木桥，使学子进入各行各业工作；四者大学入学要经过严格考试优选，毕业生中能涌现一批高级人才；五者可以与国际接轨，易于出国留学。于是短短数十年，现代国民教育模式便基本上取代了传统教育模式而在中国扎根生长开花结实了。直至今日，中国的教育制度仍然延续这一模式，而且规模上与日俱增，国家实行九年义务教育，大学招生人数动辄数百上千万人，为国家输送大批各种人才，中国政治、经济、科技、文化的快速发展实赖于此。出国留学人数与日俱增，加速了中外人才交流和中国融入全球化进程。不过，仿效西方而建立的现行教育制度也暴露了它一系列的弊端，社会上下正在谋划并实行改革。弊端之一是取消中华经典训练和国学课程，使学生数典忘祖，与优秀传统文化渐行渐远，国人文化自卑十分严重。弊端之二是重智轻德，偏离立德树人的大方向，受市场指挥棒支配，中小学追求升学率，变成应试教育，大学服务于就业目标，侧重于职业训练而忽略素质教育，学生德智体不能全面成长。弊端之三是崇洋轻中，既未能吸纳西式教育里大学学术独立和重视博雅教育的好传统，又抛弃了中华教育中德智并举、因材施教、学思并重、启发教学的优良传统，出现单纯追求分数、背书为考试、以拿文凭学位为目的的风气，君子人格难以养成。弊端之四是传统家庭教育好经验被忽略，年轻父母对孩子只知养而不知育，不懂儿童心理，一味加码，生怕孩子输在起跑线上，造成儿童的负担过重。弊端之五是一度抛弃民间书院传统，而体制内的学校（尤其是大学）行政管理权过大，又使教师处处被项目课题所捆绑，处于"项目化生存"状态，大学失去抗日战争时期西南联大学术自由的规模、教授治学的好经验，学术不端行为时常发生。这些弊端使关心教育的人不得不沉心反思，得出的结论便是我们要找回中华教育的成功之道，同时与西方教育相结合，才能走出新时代中国教育健康之路。

孔子、孟子、荀子的教育思想包含一系列普遍性永恒价值，可以跨越时代，有机地融入现代教育，使我们走出中国特色教育之新路。针对目前存在的问题，有以下几点应引起教育界特别的关注。

第一，尊师重道，加强教师队伍建设。教师是教育事业的关键因素。孔子是中国历史上最早的也是最伟大的老师，是万世师表，由此才有十哲、七十二贤人、三千弟子，形成儒家学派。他自己"学而不厌，诲人不倦"（《学而》），提出"温故而知新，可以为师矣"（《为政》），要求学生"就有道而正焉"（《学而》）。为师者要满足三条标准：一是好学又热爱教学，二是能借鉴历史又能创新，三是"有道"即坚守文明之道。这三条为师标准是很高的，今日的教师尚须努力方能做到。孟子也是一位大教育家和好老师，他带领自己的学生团队周游列国，提出一系列治国平天下的方案，未被诸侯采纳，是位不成功的政治家，却能"得天下英才而教育之"（《尽心上》），培养出一批德才兼备的后生，师生对话，形成《孟子》这部伟大经典，成为后世教育的必备书。荀子对师友的要求是"非我而当者，吾师也；是我而当者，吾友也"，"故君子隆师而亲友"；隆礼与隆师不可分，"礼者，所以正身也；师者，所以正礼也。无礼，何以正身？无师，吾安知礼之为是也？"（以上《修身》）一个人的成长需要老师的指点和批评，也需要朋友的帮助和鼓励；礼义教化要通过老师的言传身教来实行，没有师的礼是没有生命的。这给予我们以重要启示：学校要有一支优秀的教师队伍，同时要在同学群体中形成认真学习、相互切磋的良好氛围。《学记》讲"凡学之道，严师为难。师严然后道尊，道尊然后民知敬学"。这里第一次提出尊师重道的理念。韩愈《师说》更进一步说"道之所存，师之所存也"，将师与道合二为一。当代哲学家兼教育家冯友兰认为，"人们把这句话（指《学记》中"师严然后道尊"）误说为'师道尊严'。其实应该是说'师严道尊'"（冯友兰《三松堂自序》）。冯先生是对的，尊师的理由并非仅仅由于他在老师的岗位，而是他能明道、行道、传道，足可以为人师表。道是什么？是真理，是智慧，是文明；在中国，道又特指中华为人处世之道，圣贤将之概括为"五常""八德"。今后加强教师队伍素质，要抓好三件大事：一要把师德建设放在首位，教师要爱岗敬业，关爱学子，自律严格，自身灵魂高尚而后铸造灵魂光明的学子，品行不端者没有资格上岗为师；二要对教师进行国学经典培训，弥补以往师范无国学课程的空缺，然后才能带领学生学好国学、读好经典；三要提高教师专业水平，鼓励教师钻研学问、熟悉教育心理学、善于启发式教学与教学相长，培养学生独立思考、勇于创新的能力。

第二，改革体制，兼顾课程、讨论与课外活动，建设可爱校园，使学生在其中快乐地学习，德智体全面发展，立德树人得到有效实施。要克服一些大学行政干预教学过多、教授不能充分发挥学术指导作用的不正常现象；也要克服一些教授兼职过多、不能专心致志从事教学科研的不良状态；还要解决长期存在的一些中小学忽视体育、音乐、美术教学，不组织课外活动，下午讲课结束即放学的问题，减轻中小学教师社会义务过多形成的重负。从小学到大学是青少年人格形成的关键时期，是成为有德君子还是变成缺德小人关乎个人的未来和家庭幸福与否。孔子讲君子之道者三，"仁者不忧，智者不惑，勇者不惧"（《宪问》），仁德、智能、毅勇是健全人格的三要素，学校教育必须以仁德主导、兼顾智仁勇"三达德"（《中庸》语），使学生全面发展。孟子强调教育青年最好的方式是"有如时雨化之者"（《尽心上》），即杜甫诗《春夜喜雨》所吟："好雨知时节，当春乃发生，随风潜入夜，润物细无声"，这是优秀教师所当追求的境界。荀子《劝学》讲"学之经莫速乎好其人"，《修身》讲"隆师而亲友"，其要义在于择明师和交贤友，这就给当代学校教育提出了聘明师和善校风的任务：聘明师是聘用有担当有能力的教师，使学生有榜样可效法，不一定非要聘名气大的教师；善校风是使学校师生之间、同学之间和谐淳厚，让爱充满校园。这个目标并非高不可攀，而是通过努力可以达到的。以我青少年时代曾经就学的烟台二中为例。烟台二中是山东省重点中学，在我读书的六年（1951年至1957年）期间，它蓬勃有朝气，学校认真推行综合素质教育，学生在德、智、体、美诸方面得到全面发展，没有应试教育的弊病。一是教师来自全国各地，师德好，专业水平高，受到学生的尊重；二是课程安排合理，有文学、历史、地理、化学、物理、几何、三角、代数、生物、俄语、体育、音乐、美术等课程，有些课1958年以后被取消了；三是传统文化受到重视，高中《文学》课本，从《诗经》开始，选读历代诗文名篇，老师带学生一字一句吟读，在学生心中播下了经典文化的种子，而这本教材在我离校不久便被扣上"厚古薄今"的帽子而废弃了；四是学校学习氛围浓厚，学生课堂听课认真，课下自习时同学间相互切磋，学习好的帮助学习差的，习以为常，做到了荀子说的"隆师而亲友"，而且学校鼓励同学阅读古今中外名著，以扩大知识面；五是课余文体活动丰富多彩，每天下午四点半以后操场上都是学生在锻炼，每周末在小礼堂有学生的演出，学校还时常组织同学跳集体舞乃至交谊舞；六是学校从不一味追求高考升学率，考不考大学和报考什么专业一律由考生自定，有的同学家境贫寒便在毕业后就业，就这样，烟台二中从1955年第一届高中毕业生参加高考以来，高考升学率很高，每届都有考入北大、清华等名校的同学。烟台二中的经验值得当今教改借鉴。

第三，办好各种书院，与原有办学模式形成良性互动。孔子和孟子自带学生、培养人才，实际上开启了中国最早的私办书院传统；荀子三次主持齐国稷下学宫，开启了不同学派聚而争鸣的传统，通过争鸣促进了人文学术的发展。自唐宋至清末，书院如雨后春笋，不断出现，传承着教书育人、以文化人、传道授业、自由讲学和学问研讨的教育传统，是中华教育事业不可或缺的组成部分，即使在现代大中小学遍布全国的今天，它仍然有其独特的价值，所以它又衰而复兴。据不完全统计，目前全国已有书院两千余所。其办学模式大致有三种：一种是在现有大学体制内办书院，名称各异，如北大有国学院、高等儒学院、高等人文学院，清华有国学院，中国人民大学有国学院、孔子研究院，中央民族大学有中华文化研究院，山东大学有高等儒学院，湖南大学有岳麓书院等；一种是民办公助的书院，最典型的是山东尼山圣源书院，它的体制是"民办公助，书院所有，自主运作，世代传承"；一种是纯粹民间自主办书院，如北京四海孔子书院，北京明德书院。三种模式各有特色，不仅可以互鉴，而且可以互补，合作共进。例如，山东尼山圣源书院创办十年，成绩巨大：它与台湾中华孔孟学会合作连续十届举办"海峡两岸读《论语》教《论语》师资研修班"，有8000余位中小学校长和教师接受了培训；它与国家教育行政学院合作，先后举办48期"国学经典教育"专题研修班和3期"坚持立德树人弘扬中华优秀传统文化"专期研讨班，培训全国教育行政干部、校长、园长和国学教师6000多名；它还与济宁市开展"一校一导师"培训，培训国学导师4600多人，校长1000名；它还与美国夏威夷大学安乐哲教授合作创办"国际儒学与中华文化跨文化传播讲习班"，已举办7届，为亚、欧、美、澳、非等洲的十余国培训了250余位师资；近些年它的学者深入农村，开办乡村儒学讲堂，在民间重振乡社民俗文化，改善基层社会道德风尚，并正在逐步扩大范围，受到各地欢迎。事实证明，只要遵循"用儒家的精神办儒学事业"的方针，各种书院都可以办得有声有色，为中华民族走向文化自觉、为中华文化的复兴做出应有的贡献。（以上参见张践、张顺平：《育才淑世赓续文华——尼山圣源书院走过的十年》，《光明日报》"国学"，2019年1月12日）我们可以设想，在众多书院里涌现出若干新的稷下学宫，那里学术空气自由，不同学派林立，相互批评又能言之成理、持之有据，使战国时期百家争鸣再现于今天，那么我国的学术繁荣必指日可待，而教师和学生便是它的直接受惠者。若果能如此，荀子未竟之业也就后继有人了。当年荀子弟子感慨荀子怀才不遇，《尧曰》说："今之学者，得孙卿之遗言余教，足以为天下法式表仪。所存者神，所过者化。观其善行，孔子弗过，世不详察，云非圣人，奈何！天下不治，孙卿不遇时也。"就治国和德教而言，荀子可称得上是继孔子至圣、孟子亚圣之后的智圣，他的群学和三为稷下学宫祭酒的壮举超过了孔孟，他的"遗言余教"将在今天和未来逐渐得到人们的深刻理解和高度评价，从而大放光彩！

（六）荀子群学与当代宗教事务管理

荀子生活在距今两千多年前的时代，而他对当时鬼神之道所持的睿智眼界对今日社会的宗教管理方略仍有重大启示，不能不令人敬佩。世人对荀子的宗教观可能有两种批评：一些不包容的宗教徒会批评他不承认神灵的存在，因而是没有超越性信仰的表现，精神层次不高；从战斗无神论者的角度会批评他坚持无神论不彻底，给敬祭天祖留下地盘。这两种批评都是偏见作祟：不崇拜神灵就一定没有超越性信仰吗？追求圣王治世的大同世界是不是理想型的信仰？追求人生修己以安百姓是不是博爱型的信仰？这种追求不依赖客观上并不存在的神灵恩赐，而主张发挥人的能动性去争取，不是更加可敬可贵吗？再说，什么叫彻底的无神论？不懂得感恩的无神论是彻底的吗？不能够尊重他者宗教信仰而对宗教实行打压的无神论是彻底的吗？没有把鬼神观念的由来和作用说清楚的无神论是彻底的吗？当代世界有四类执政团队在管理国家：一类是宗教领袖兼国家首脑，如伊斯兰教国家沙特，属于政教合一型，不是宗教领袖不能成为国家首脑，其他宗教则不能合法存在；一类是民选国家最高领导的伊斯兰教国家，但政治领袖必须是穆斯林，而且要以伊斯兰教为国教，主导政治意识形态，如巴基斯坦；一类是政教分离的国家，如美国，宗教不能干涉政治运行，国家以民主、自由与法治为政治意识形态，但它的底色是基督新教，美元印有"信仰上帝"，民选总统要按着《圣经》宣誓就职，美国建国以来的历届总统大都是基督教徒，一位是天主教徒，没有伊斯兰教徒，外交政策体现基督肩负拯救人类的宗旨；一类以中国为代表，自古及今是多民族多宗教，没有一教坐大，历史上国家宗教政策实行多教并包、本土宗教与外来宗教并存互融，不受主政者个人信仰的支配，宗教生态呈多元通和模式。其他国家还有别的管理宗教方式，只是不够典型而已。西方宗教学界主流认同政教分离，认为它适合现代文明发展趋势。一些反华的极右势力对社会主义中国早就实行政教分离的宗教信仰政策却横加指责，他们认为社会主义者是无神论者，不能真正实行宗教信仰自由，理由是无神论者都是反宗教的。他们不了解无神论不是一种，除了18世纪法国式战斗无神论以外，还有温和无神论，而这种无神论在中国历史上是以荀子为代表的。相比而言，温和无神论者执政团队管理多种宗教要比有宗教信仰的执政团队更加开明，更能贯彻宗教信仰自由政策，因为它能对各种宗教一视同仁。美国是移民国家，移民带去世界三大宗教和各种民族宗教，但基督新教徒在政治上占优势。在当代中国，执政团队不信宗教，又能以理性的态度说明宗教的发生发展规律，以包容平等的态度对待宗教，坚决反对向宗教宣战，尊重人们选择信仰的自由，强调无神论者与有神论者的团结。这种理论和政策既是唯物史观的体现，也符合中华民族的优良传统。

在中国历史上，宗教极端主义和激烈排斥宗教的思潮都难成为主流意识，而儒家人本主义的思想与和而不同的智慧主导着国家宗教政策。孔子讲"敬鬼神而远之"和"慎终追远"，《易传》讲"神道设教"，都是讲当事人在置身于鬼神信仰之外的同时尊重（敬）民众信仰并将这种信仰纳入国家道德教化体系，让其发挥积极作用。荀子和王充明确表示自己不信鬼神，却强调宗教祭祀（尤其是祭祖）可以崇德继孝，可以报功修先。荀子以无神论为根基的神道化俗论表面看起来没有孔子温和，如孔子对死后如何与神灵有无存而不论，荀子却径直予以否定，实际上荀子有更深刻细密的思考，主要是担心鬼神之道会陷于世俗迷信而对生产和生活造成种种负面影响。这种思考仍然是温和无神论，不过增强了清醒的理性，是符合实际又有益于理性思维的发展，在今天仍有重要价值。荀子的温和无神论主要论点在《天论》和《礼论》两篇之中。

第一，"明于天人之分"与"君子以为文"。荀子在天人关系上以"天"为自然之天，即人类生存的客观环境，目的是去掉人们对大自然的种种神秘感、畏惧感，不把幸福的追求建立在神灵的恩赐上，而要认识和掌握自然规律，积极主动地改良环境，发展生产，应对灾害，提高生活水平。《天论》中两句话："大天而思之，孰与物畜而制之！从天而颂之，孰与制天命而用之！"人们盲目崇拜和歌颂天地的伟大，却不作为，遇到天灾，一味拜神求福，把精力和时间都浪费掉了，却没有好的结果，这是一种愚蠢之举。譬如天旱祭拜龙王求降雨，并不能改善气候，还不如赶快兴修水利，尽量做到旱时引水浇田，涝时排水保稼。这样再看《天论》说的那段话："雩而雨，何也？无何也，犹不雩而雨也。日月食而救之，天旱而雩，卜筮然后决大事，非以为得求也，以文之也。故君子以为文，而百姓以为神。以为文则吉，以为神则凶也。"若准确地加以理解应该是：祭祀求雨，拜神消灾，卜筮决策，都是无益之举，但有美化生活（慰藉心理）的文化功效，亦不可简单否定；明智君子知道这是一种民间的宗教性文化活动，这样去看不失为一种好事；普通百姓若是一味沉醉在求神保佑的幻迷中，就会消极而无所事事，灾祸真的会降临了。荀子对民间拜神活动采取十分审慎的态度，不是简单地取缔，而是适当地引导，使之限定在民俗文化范围之内，同时要制天命而用之，大力发展生产。我们今天对民间信仰的政策放弃了曾经一度全面打击的办法而改为引导，使之适应社会主义社会，起到活跃民间精神生活的作用。当然，要防止民间信仰低俗化，更要依法惩治骗钱害人的行为。上文已经讲过，荀子"君子以为文"与当代的"宗教文化论"是相通的。我们今天对鬼神之道的态度，不只看到它是虚幻的，而是扩而大之，看到它丰富民众文化生活的作用。宗教文化是中华传统文化的重要组成部分，已经成为人们的共识，而宗教文化论的起点是荀子"以为文则吉"的论断。

第二，敬天法祖与信仰重建。有人认为"中国是一个无神论的国家"，这是误判。不仅许多少数民族基本全族信教，而且汉族有众多民间宗教，再说得准确一些，中华民族的敬天法祖教是中国人的民族之魂和根，它是几乎涵盖全民的基础性宗教，不敬天不祭祖在中国被认为是忘掉根本、不懂得感恩的异类。敬天法祖教主要存在于民间习俗之中，具有包容性，人们在认同它的同时可以信仰其他的宗教，所以中国五大宗教（佛教、道教、伊斯兰教、基督教、天主教）的信徒，都在自身宗教信仰中融会了对天和祖的信仰。敬天法祖教在近现代文化激进主义思潮不断冲击下，被削弱了，观念淡薄了，仪式衰落了，一个重要表现是作为春节中最重要的敬祭天地君亲师的活动逐渐消失，清明节扫墓祭祖淡出生活。但它的根系仍在，它的文化基因仍在，只是需要加以培植浇灌，使之重新焕发活力。我们应当认识到，以往冲击敬天法祖教是文化上"去中国化"的表现；现在进行重建，是中国人基础性宗教信仰中国化的重大工程，而且关涉海峡两岸中国人的文化认同与寻根之旅，不可小觑。同根同祖是中华民族内聚的牢固纽带。在这个问题上，我们重读《荀子》，传承他的礼教思想与情怀是十分必要的。

荀子的《礼论》把敬天法祖的重要性说得很透彻。天地是生命的渊源，先祖是宗族的由来，再加上国家（君）与老师是文明的兴治者，即"礼有三本"。我们常说人不能忘本，上述三者就是人生最大的本源，"三者偏亡（缺少其一）焉（则）无安人。故礼，上事天，下事地，尊先祖而隆君师，是礼之三本也。"敬天法祖是中华文明的古老传统。据考古发现，辽宁牛河梁在5000年前即有祭坛，"坛的平面图前部像北京天坛的圜丘，后部像北京天坛的祈年殿方基"（考古学家苏秉琦语），《光明日报》刊文称"辽宁西部山区东山嘴、牛河梁遗址发现的红山文化'坛庙冢'这种三合一的建筑遗址，有点类似于明清时期北京的天坛、太庙与明十三陵"（《光明日报》2019年1月24日，记者刘勇、毕玉才：《长城以外有中华民族"更老的老家"——聚焦西辽河流域5000年前"天坛"》引），同日同版刊考古学家郭大顺文《为什么说红山文化是中华古文化的"直根系"》，阐释牛河梁坛庙冢遗址发现的意义，从中华文明起源时即重视敬祭祖先，"红山文化和中华古文化同样具有高度发达的祖先崇拜这一特征。中国没有传统的宗教，以血缘为纽带的祖先崇拜是中国人信仰和崇拜仪式的主要形式，也是中国文化传统的根脉"，"一般认为，礼是从夏商周三代开始的，随着文明起源讨论的开展，有学者提出龙山文化时期已有礼制，现将中国传统礼制的起源追溯到五千年前的红山文化，这就再次确立了红山文化在中华文化总根系中的直根系地位。"荀子虽没有考古学知识，但他对古礼文化文献熟悉，加上他的睿智，便能够确定中国的礼文化起始于祭天祭祖；他之所以着重阐述丧葬之礼，不是信死后有鬼，而是出于哲学的思考，把生与死连贯起来，形成完整的文化心理学的生死观，表示对亲人的尊重，对族系的感恩。《礼论》说："故丧礼者，无它焉，明生死之义，送以哀敬而终周藏也。故葬埋，敬藏其形（肉体）也；祭祀，敬事其神（精神）也；其铭诔系世（悼文），敬传其名也。事生，饰始也；送死，饰终也。终始具而孝子之事毕，圣人之道备矣。"这是从孔子的遗教中生发出来的：在回答樊迟问孝时，"子曰：'生，事之以礼；死，葬之以礼；祭之以礼'（《为政》）。亲人不在了，但他的精神不朽，他的恩德仍在，孝子应当隆重办好丧事，传扬亲人事迹，并且念念不忘忠厚传家，不辜负先辈厚望。荀子讲的"饰"，其含义远不止今日"装饰""修饰"之义，而具有审美的高度，使事情达到真善美统一的状态。当他讲到祭祖的礼节时，重点在强调"志意思慕之情""忠信爱敬之至""礼节文貌之盛"，全是从人本主义文化出发的。紧接着说了下面一段话："圣人明知之，士君子安行之，官人以为守，百姓以成俗。其在君子，以为人道也；其在百姓，以为鬼事也。"他把丧葬之礼看成是一种社会实践体系，不同阶层的人可以有不同的理解和态度：圣人从事于顶层设计，精英则加以推动，地方政府做好管理，百姓形成习以为常的生活方式，互相配合，和而不同，共成礼俗文化。君子把丧葬之礼作为人间的活动，百姓则认为是在祭奠祖先的灵魂，无神论者不必去改变百姓的信仰，只要加以尊重就行了。这种态度是明智的、包容的，今日社会主义无神论者也应如此。

既然敬天法祖是中国人的源远流长的宗教，我们就应当加以重建。但时代不同了，必须革故鼎新，加以变通。例如：以往中国是君主专制社会，明清两代在北京建都，设天坛、地坛祭祀天地，设社稷坛祭祀农神，设太庙祭祀皇家先祖；现在中国是人民共和国，不能再以明清的方式祭天地了。可以把敬天法祖民间化，使之成为民俗，并采用新的方式。从顶层设计来说，国家级的祭祀可以有：其一，炎帝、黄帝祭典，应对荀子说的"尊先祖"，用以纪念人文初祖，加强中华民族族源认同，传承"克明俊德"的文明传统，建设民族精神家园；其二，孔子祭典，应对荀子说的"隆君师"，用以纪念至圣先师，强化人们对以儒学为主导的中华优秀传统文化的认同，加固中华文化共同体的文化纽带；其三，泰山祭典，应对荀子说的"上事天，下事地"，加深人们对祖国山川的热爱，祝福国泰民安，增强人们保护环境的生态意识。至于民间，可以使传统的敬天、丧葬、祭祖活动文明化，使之符合现代生活要求。中华民族的寻根意识本来是强烈的，这是民族延续的精神血脉，不宜削弱，更不能中断。我国大约有港澳台同胞三千多万人，海外同胞五千多万人，他们大都以中华传统信仰敬天法祖为精神纽带，与祖国保持一体感，如马来西亚华人信仰孔教，我国台湾同胞信仰妈祖及天地教、天德教、轩辕教等。这些宗教的总根都在大陆，都是敬天法祖基础性信仰滋生出来的，我们要给予尊重并且视为中华民族多元一体格局中的精神血脉，用以传递民族亲情，加强兄弟往来，共同维护世界和平。

第三，荀子群学和当代宗教工作方针。由于中国自古就是一个多神教的国家，又有深厚的和而不同的包容开放传统，本土宗教不断成长和多样化以及外来宗教不断进入，中国宗教的种类越来越多，世界三大宗教及其主要教派在中国都有，本土宗教的各层次形态如全国性道教、地区性民间宗教、萨满教、原始崇拜等也都并行和交错发展，中国被称为"宗教的联合国"。现代中国经过探索实践，形成中国特色社会主义宗教工作方针，即贯彻宗教信仰自由，依法管理宗教事务，独立自主自办教会，积极引导宗教与社会主义社会相适应。这一方针促进了民族团结、宗教和睦、社会稳定，是成功的。它的由来：一是依据社会主义的宗教观、民族观、平等观，尊重宗教的发展规律，尊重各民族的宗教选择，尊重每个人的宗教信仰自由，所有人在法律面前都是平等的；二是继承发扬中华文化、宗教文化多元通和、包容开放的传统，不反宗教，也不实行政教合一，而是在爱国守法大前提下多教并存，其中儒家人文主义宗教观及其和而不同的文明观起了决定作用；三是吸收现代西方政教分离、依法管理的优点，又能避免其管理者有特定宗教信仰而造成的种种弊端。

宗教管理学属于宗教社会学，中国当代的宗教管理学与荀子群学是血肉相连的。其相通处有：一是社会主义制度下的宗教事务管理者是无神论者，荀子也是无神论者，都赞成政教分离（荀子的说法是"官人以为守，百姓以成俗"）；二是社会主义者是温和无神论者，在坚持自身无神论的同时，尊重他者的有神论，又把宗教看成一种道德教化方式和一种民众文化样式，即荀子讲的"君子以为文，而百姓以为神"；三是在宗教管理体系上有科层区分，各有不同的职守，如最顶层是立法，中层有管理部门和学者阐释，基层有地方政府和民间社区的自我管理，按照荀子的说法便是"圣人明知之，士君子安行之，官人以为守，百姓以成俗"。这是横向的视野。从纵向的视野说，今日宗教管理学三大界域：政界、学界、教界。政界的主要任务是贯彻宗教信仰自由政策，依法管理宗教事务，还要引导和支持宗教坚持中国化方向，以便更好地适应社会主义社会。学界的主要任务是丰富和发展中国特色社会主义宗教理论，系统阐释宗教与社会主义、现代化建设、思想文化、民族团结、祖国统一和人类命运共同体的关系。教界的主要任务是坚持爱国爱教、兴办公益慈善事业、吸收中华优秀传统文化进行神学建设、培养高素质的教界骨干队伍、加强教风建设，使宗教场所成为道德高地，坚守正信正行，远离极端主义。政界依法管理的宗教事务是指关涉公共利益和国家利益的事务，而宗教内部事务要实行自我管理；防止以政干教和以教干政的错误行为，使政教关系形成政教分离基础上的政主教辅式的和谐关系。这在一定程度上也是对荀子群学的创新性发展。

（七）新荀学与新经学

中华传统文化以儒学为主导，而儒学又以经学为主轴，儒学史是由不同时代儒者对经典的不断阐释组成。对于先秦儒家经学的发展，荀子做出了重大贡献，这一点，他被后人严重低估了。蔡尚思曾提醒人们："他（荀况）一方面给先秦诸子作了总结，另一方面又成为后代传授经学的真正祖师。"（《中国文化史要论》，湖南人民出版社1979年版）。且不说荀子及其学派对礼学的系统论述在先秦儒家中是首屈一指的，只就《荀子》这部书所引所记先秦经典而言，在许多方面超过孔子和孟子，也对流传下来的五经、四书做了重要的文献补充。

第一，《荀子》书中引证《诗经》达八十余处，都是作为价值导航而使用的。

《劝学》引《诗》七处、论《诗》一处，《修身》引《诗》三处，《不苟》引《诗》三处，《荣辱》引《诗》

一处,《非相》引《诗》一处,《非十二子》引《诗》两处,《仲尼》引《诗》一处,《儒效》引《诗》五处、论《诗》三处,《王制》引《诗》一处,《富国》引《诗》五处,《王霸》引《诗》两处,《君道》引《诗》三处,《臣道》引《诗》四处,《致士》引《诗》一处,《议兵》引《诗》四处,《强国》引《诗》两处,《天论》引《诗》两处,《正论》引《诗》两处,《礼论》引《诗》两处、论《诗》一处,《乐论》论"雅、颂之声"一处,《解蔽》引《诗》四处,《正名》引《诗》三处,《君子》引《诗》三处,《大略》引《诗》十一处、论《诗》五处,《宥坐》引《诗》四处,《子道》引《诗》一处,《法行》引《诗》两处,《尧问》引《诗》一处,共八十余处(可能有遗漏)。荀子为什么如此重视《诗经》呢?因为《诗经》是真善美的结合体,有历史、有淑德、有韵味,简而精,易于教化人心。荀子所引《诗》,其事已过而其理犹存,可用为借鉴、常驻常新。试举若干例句以证之。《劝学》讲学习要锲而不舍、专心致志时,引《诗经·曹风·尸鸠》,"《诗》曰:'尸鸠在桑,其子七兮。淑人君子,其仪一(专一)兮。其仪一兮,心如结(坚定)兮。'故君子结于一也。"《诗经》用布谷鸟哺育七个小鸟，上下习飞，直到独立远行的故事说明君子学习也要志坚意定、心无旁骛，十分生动。《不苟》讲"君子行不贵苟难，说不贵苟察，名不贵苟传，唯其当之为贵"时，引曰："《诗》曰：'物其有矣，唯其时矣。'此之谓也。""不苟"之义是指不一味追求某种效果，如不故意追求做事有难度、言说能周全、名声必流传，而应以是否得当为最高标准；《诗·小雅·鱼丽》的诗句正是强调事情有各式各样，但应符合当时的实际情况，这就是我们今天讲的从实际出发、实事求是。《非相》讲到"兼术"即兼容并包时，曰："《诗》曰：'徐方（古代夷族，分布在淮河中下游）既同，天子之功。'此之谓也。"他用此诗句表达天下一家、华夷相亲的思想。《儒效》讲到"四海之内若一家"时曰："《诗》曰：'自西自东，自南自北，无思不服。'此之谓也。"此句出于《诗经·大雅·文王有声》，荀子用以论证"此君义信乎人矣，通于四海，则天下应之如讙（喧）"，说明必有义信才能使远方来归，形成四海如一家的局面。《君道》讲人主不可以独孤，明君必须"有卿相辅佐足任者然后可"时，引曰："《诗》曰：'济济多士，文王以宁。'此之谓也。"此句出自《诗经·大雅·文王》，强调贤人参政，与明君共同管理国家，国才得以治。《正论》讲虽尧、舜不能使丹朱、象为善，引曰："《诗》曰：'下民之孽，匪降自天；噂沓背憎（两面派），职竞由人。'此之谓也。"此句出于《诗经·小雅·十月之交》，其义与"天作孽犹可违，自作孽不可活"相通，说明教化不是万能的。《君子》批评乱世"以族论罪（有罪三族皆夷），以世（世家大族）举贤"，天下必骚动崩坏，引曰："《诗》曰：'百川沸腾，山冢崒崩（崩裂），高岸为谷，深谷为陵。哀今之人，胡憯莫惩。'此之谓也。"荀子用《诗》总结历史教训，对权贵滥用刑罚和官员世袭制度表示了强烈的不满。《大略》讲富民教民，"立大学，设庠序，修六礼，明七教"，于是曰："《诗》曰：'饮之食之，教之诲之。'王事毕矣。"此句出自《诗经·小雅·绵蛮》，是孔子、孟子一贯的主张，而荀子更进一步提出六礼（冠、婚、丧、祭、乡、相见礼）和七教（父子、兄弟、夫妇、君臣、长幼、朋友、宾客）。《法行》讲君子之德"温润而泽，仁也"时说："《诗》曰：'言念君子，温其如玉'。此之谓也。"诗句出自《诗经·秦风·小戎》，用玉比喻君子温良恭俭让的气象，也就是文质彬彬的风度。

荀子灵活引用《诗经》以讲儒学，既符合它本身的经典特质，也是儒家的传统。《诗经》深刻反映了春秋中叶以前的社会生活和社会舆情，内中蕴含着仁、义、礼、智、信、敬、孝、友等伦理观念，也表达民间喜、怒、哀、乐、怨等种种感情。《毛诗序》说："情动于中而形于言"，《诗大序》说："上以风化下，下以风刺上"，《庄子·天下》说："诗以道志"，《礼记·经解》说："温柔敦厚，诗教也"。由此，《诗经》从开始就超出文学的功能，而成为指导社会人生的一部元典。孔子对《诗经》评价很高，与学生对谈时也常常引《诗》以为启发。他说："《诗》三百，一言以蔽之曰：思无邪"（《为政》），"不学《诗》，无以言"（《季氏》），"诵《诗》三百，授之以政，不达；使于四方，不能专对，虽多，亦奚以为？"（《子路》），"兴于《诗》，立于礼，成于乐"（《泰伯》），"《诗》可以兴，可以观，可以怨"（《阳货》），由于《诗经》如此重要，孔子便认真加以整理，"吾自卫反鲁，然后乐正，《雅》《颂》各得其所"（《子罕》）。荀子不但继承了孔子重《诗》的传统，而且超过了孔子，引《诗》的数量和多方运用都达到了空前的高度。

下面再举数例述说荀子对《诗经》的评论。《儒效》说："天下之道管（枢要）是矣，百王之道一（最高标准）是矣；故《诗》《书》《礼》《乐》之归是矣。《诗》言是，其志也；《书》言是，其事也；《礼》言是，其行也；《乐》言是，其和也；《春秋》言是，其微（深旨）也。故《风》（《国风》）之所以为不逐（流荡）者，取是以节之也；《小雅》之所以为《小雅》者，取是而文（文饰）之也；《大雅》之所以为《大雅》者，取是而光（广）之也；《颂》之所以为至（极）者，取是而通之也。天下之道毕是矣。"荀子将《诗》《书》《礼》《乐》《春秋》并列为元典，视其为社会人生价值的最高准绳，《诗经》中的《风》《雅》《颂》又各有其特殊功效。《乐论》说："故听其《雅》《颂》之声，而志意得广焉。"《大略》说："善为《诗》者不说，善为《易》者不占，善为《礼》者不相（替人赞礼），其心同也。"荀子认为，《诗经》不是用来讲论的，而是以情动人，寓教于乐的，这是《诗经》的审美特色。

第二，《荀子》一书引用先秦典籍时，其中引有许多逸书，后来没有流传，因此极其珍贵。

如《修身》引"《传》曰：'君子役物，小人役于物。'"用以说明"内省而外物轻"的道理，此处的《传》为何古典，未予说明。《王制》引"《传》曰：'君者，舟也；庶人者，水也。水则载舟，水则覆舟。'"用以说明君民关系，如此重要的观点不知出于何《传》。《王霸》引"《传》曰：'农分田而耕，贾分货而贩，百工分事而劝，士大夫分职而听，建国诸侯之君分土而守，三公总方而议；则天子共己而已矣。'"讲社会不同阶层的分工，此段不知出于何古典。《臣道》引"《诗》曰：'国有大命，不可以告人，妨其躬身。'"此三句乃是逸《诗》。该篇又引"《书》曰：'从命而不拂，微谏而不倦；为上则明，为下则逊。'"这四句是逸《书》。《天论》引"《诗》曰：'礼义之不愆，何恤人之言兮。'"此二句不见于现存之《诗经》。《天论》引"《传》曰：'万物之怪书不说。无用之辩，不急之察，弃而不治。'"亦未指明出于何典。《正论》引"《语》曰：'浅不足与测深，愚不足与谋知，坎井之蛙不可与语东海之乐。'"不知所引《语》是何典。《性恶》引"《传》曰：'不知其子视其友，不知其君视其左右。'"这里的《传》不知源自何书。《大略》引"舜曰：'维予从欲而治。'"此处大舜的话不知引自何书。又引"汤旱而祷曰：'政不节与？使民疾（疾苦）与？何以不雨至斯极也！宫室荣（富丽）与？妇谒（拜谒）盛与？何以不雨至斯极也！苞苴（贿赂）行与？谗夫兴与？何以不雨至斯极也！'"此处讲商汤在天大旱时对天的祈祷，反省自己过错，接受上天惩罚而不使百姓受牵连，类似的记载也见于《论语·尧曰》，但后者比较简约，此处则比较详细，是重要的早期文献片断。《法行》引"《诗》曰：'涓涓源水，不壅不塞。毂已破碎，乃大其辐。事已败矣，乃重大（太）息。'其云益乎！"以上六句系逸《诗》。类似引文所在多有，如能将其适当加以考证，附于流传下来的五经，对于今日研究先秦儒典将有莫大助益。荀子是一位求实的大儒，他的引文必句句有出处，我们不能因为不在今日五经之中而加以抹杀。

第三，荀子对孔子很尊崇，记载下孔子一系列言行，其中有与《论语》相同者而行文不同，也有许多为《论语》所无，对于研究孔子应当属于第一手资料，与《论语》同等重要。

《非十二子》在批评六家十二子学说之后，独独褒扬孔子、子弓："若夫总方略，齐言行，壹统类（纲领和条目），而群天下之英杰而告之以大古（一作'大道'），教之以至顺（理）；奥（屋的西南隅）窔（屋的东南隅）之间，簟席之上，敛（当作'歛'）然圣王之文章具焉；佛然乎世之俗起焉；六说（六家）者不能入也，十二子者不能亲也；无置锥之地，而王公不能与之争名；在一大夫之位，则一君不能独畜，一国不能独容；成（盛）名况（美）乎诸侯，莫不愿以为臣。是圣人之不得埶（势）者，仲尼、子弓是也。"这一段是荀子对孔子的总评价，是孟子与司马迁的"大成至圣先师"的另一种表述，也是经典式的表述。《王霸》载："故孔子曰：'知（智）者之知，固以（已）多矣，有（又）以守少，能无察乎！是者之知，固以少矣，有以守多，能无狂（乱）乎！'"又"孔子曰：'审吾所以适人（对待人），人之所以来我也。'"以上两段话不见于今本《论语》。《正论》载："故孔子曰：'天下有道，盗其先变乎！'"《解蔽》论孔子："孔子仁知且不蔽，故学乱（治）术足以为先王者也。一家得周道（全面的道理），举而用之，不蔽于成积（积习）也。故德与周公齐，名与三王并，此不蔽之福也。"此段话不见于今本经书。《大略》载：子贡问于孔子曰："赐倦于学矣，愿息事君。"孔子曰："《诗》云：'温恭朝夕，执事有恪。'事君难，事君焉可息哉！""然则赐愿息事亲。"孔子曰："《诗》云：'孝子不匮，永锡尔类。'事亲难，事亲然可息哉！""然则赐愿息于妻子。"孔子曰："《诗》云：'刑（"形"，以身作则）于寡妻，至于兄弟，以御（治理）家邦。'妻子难，妻子焉可息哉！""然则赐愿息于朋友。"孔子曰："《诗》云：'朋友攸摄（互相帮助），摄以威仪。'朋友难，朋友焉可息哉！""然则赐愿息耕。"孔子曰："《诗》云：'昼尔于茅（割草），宵尔索绹（打草绳），亟其乘屋（盖房子），其始（一年开始）播百谷。'耕难，耕焉可息哉！""然则赐无息者乎？"孔子曰："望其圹（坟），皋如也，嵮（巅）如也，鬲（鼎类器物）如也，此则知所息矣。"子贡曰："大哉，死乎！君子息焉，小人休焉。"这一段师生对话很长，其义是讲生无所息、鞠躬尽瘁、死而后已，不见于他书。《宥坐》载："孔子曰：'吾闻宥坐之器者，虚则欹（倾斜），中则正，满则覆。'孔子顾谓弟子曰：'注水焉！'弟子挹水而注之。中而正，满而覆，虚而欹。孔子喟然而叹曰：'吁！恶有满而不覆者哉！'子路曰：'敢问持满有道乎？'孔子曰：'聪明圣知，守之以愚；功被天下，守之怯讦；勇力抚世，守之以怯；富有四海，守之以谦。此所谓挹而损之之道也。'"这一段用欹器比喻人不能自满，要谦和谨慎，不见于他书。此篇又记："孔子为鲁摄相，朝七日而诛少正卯。门人进问曰：'夫少正卯鲁之闻人也，夫子为政而始（先）诛之，得无失乎？'孔子曰：'居！吾语女其故。人有恶者五，而盗窃不与焉：一曰心达而险（冒险），二曰行辟（偏）而坚，三曰言伪而辩，四曰：记丑（看缺点）而博，五曰顺非而泽（把错误说得头头是道）。此五者，有一于人，则不得免于君子之诛，而少正卯兼有之。故居处足以聚徒成群，言谈足以饰邪营（荧）众，强足以反是独立，此小人之桀雄也，不可不诛也。是以汤诛尹谐，文王诛潘止，周公诛管叔，太公诛华仕，管仲诛付里乙，子产诛邓析、史付，此七子者，皆异世同心，不可不诛也。《诗》曰：'忧心悄悄，愠（见怒）于群小。'小人成群，斯足忧矣。'"此段所记孔子诛少正卯曾一度成为学界争议的公案，"文革"中它成为孔子一大罪状。荀子所记是否有文献根据，它是否是史实，至今学界也未能统一。可以再考证再讨论。该篇又记："孔子为鲁司寇，有父子讼者，孔子拘之，三月不别（不判决）。其父请止，孔子舍之（赦免）。季孙闻之，不说（悦），曰：'是老也欺予，语予曰：为国家必以孝。今杀一人以戮不孝，又舍之。'冉子以告。孔子慨然叹曰：'呜呼！上失之，下杀之，其可乎！不教其民而听其狱，杀不辜也。三军大败，不可斩也；狱犴（牢）不治，不可刑也，罪不在民故也。嫚（慢）令谨诛，贼也；今生也有时，敛也无时，暴也；不教而责成功，虐也。已（停止）此三者，然后刑可即（成）也。'《书》曰：'义刑义杀，勿庸以即，予维曰未有顺事。'言先教也。"这里所说是对孔子"不教而杀谓之虐"（《尧曰》）的发挥，把批评的矛头指向当权者。《宥坐》还记有几段关于孔子的精彩的言行。如："孔子观于东流之水。子贡问孔子曰：'君子之所以见大水必观焉者，是何？'孔子曰：'夫水，遍与诸生（遍使万物受益）而无为也，似德。其流也埤下，裾拘必循其理，似义。其洸洸乎不淈（枯竭）尽，似道。若有决行之，其应佚（快速）若声响，其赴百仞之谷不惧，似勇。主量必平，似法。盈不求概（一种量具），似正。淖约微达，似察。以出以入，以就鲜絜（洁），似善化。其万折也必东，似志。是故君子见大水必观焉。'"这一段是发挥老子以水喻善、孔子观水叹时的思想。"孔子曰：'吾有耻也，吾有鄙也，吾有殆也。幼不能强（勉力）学，老无以教之，吾耻之。去其故乡，事君而达，卒遇故人，曾无旧言（叙旧），吾鄙之。与小人处者，吾殆之也。'"这里讲劝学修身的重要性。《子道》在讲"从道不从君，从义不从父"的处世大原则时，记载如下孔子言行："鲁哀公问于孔子曰：'子从父命，孝乎？臣从君命，贞乎？'三问，孔子不对。孔子趋出，以语子贡曰：'乡（从前）者，君问丘也，曰：子从父命，孝乎？臣从君命，贞乎？三问而丘不对。赐以为何如？'子贡曰：'子从父命，孝矣；臣从君命，贞矣，夫子有（又）奚对焉。'孔子曰：'小人哉，赐不识也！昔万乘之国有争（净）臣四人，则封疆不削；千乘之国有争臣三人，则社稷不危；百乘之家有争臣二人，则宗庙不毁。父有争子，不行无礼；士有争友，不为不义。故子从父，奚（哪里算是）子孝？臣从君，奚臣贞？审其所以从之之谓孝、之谓贞也。'"孔子、孟子都不赞成愚孝愚忠，认为在君父之上还有道，即要合于义，君父有错，臣子应谏净于下。该篇又记：

三、新荀学探讨

"子路盛服见孔子，孔子曰：'由，是裾裾（严整）何也？昔者江出于岷山，其始出也，其源可以滥觞，及其至江之津也，不放舟，不避风，则不可涉也，非维（唯）下流水多邪？今女衣服既盛，颜色充盈，天下且孰肯谏女矣。'子路趋而出，改服而入，盖犹若也。孔子曰：'由志之，吾语女，慎于言者不华，慎于行者不伐，色知而有能者，小人也。故君子知之曰知之，不知曰不知，言之要也；能之曰能之，不能曰不能，行之至也。言要则知（智），行至则仁。既知且仁，夫恶有不足矣哉！'""子路入。子曰：'由，知（智）者若何？仁者若何？'子路对曰：'知者使人知己，仁者使人爱己。'子曰：'可谓士矣。'子贡入。子曰：'赐，知者若何？仁者若何？'子贡对曰：'知者知人，仁者爱人。'子曰：'可谓士君子矣。'颜渊入。子曰：'回，知者若何？仁者若何？'颜渊对曰：'知者自知，仁者自爱。'子曰：'可谓明君子矣。'"此段讲如何理解仁且智。"子路问于孔子曰：'君子亦有忧乎？'孔子曰：'君子，其未得（入仕）也则乐其意；既已得之，又乐其治。是以有终身之乐，无一日之忧。小人者，其未得也，则忧不得；既已得之，又恐失之。是以有终身之忧，无一日之乐也。'"此段发挥孔子"仁者不忧"的思想。《法行》有两段记载很重要。其一："子贡问于孔子曰：'君子之所以贵玉而贱珉（似玉之石）者，何也？为夫玉之少而珉之多邪？'孔子曰：'恶！赐！是何言也！夫君子岂多而贱之，少而贵之哉？夫玉者，君子比德焉。温润而泽，仁也。栗而理（有条理），知也。坚刚而不屈，义也。廉而不刿，行也。折而不挠，勇也。瑕适并见，情也。扣之，其声清扬而远闻，其止辍然，辞也。故虽有珉之雕雕，不若玉之章章。《诗》曰：'言念君子，温其如玉。'此之谓也。"讲君子风度。其二："孔子曰：君子有三恕：有君不能事，有臣而求其使，非恕也；有亲不能报，有子而求其孝，非恕也；士明于此三恕，则可以端身矣。"讲恕道。《哀公》有一大段记载重要："孔子曰：'人有五仪（五等）：有庸人，有士，有君子，有贤人，有大圣。'哀公曰：'敢问何如斯可谓庸人矣？'孔子对曰：'所谓庸人者，口不能道善言，心不知邑邑，不知选贤人善士托其身焉以为己忧，动行不知所务，止立不知所定，日选择于物，不知所贵，从物如流，不知所归，五凿为正（五窍为主），心从而坏，如此则可谓庸人矣。'哀公曰：'善！敢问何如斯可谓士矣？'孔子对曰：'所谓士者，虽不能尽道术，必有率（遵循）也；虽不能遍美善，必有处也。是故知不务多，务审其所知；言不务多，务审其所谓；行不务多，务审其所由。故知既已知之矣，言既已谓之矣，行既已由之矣，则若性命肌肤之不可易也。故富贵不足以益也，卑贱不足以损也，如此则可谓士矣。'哀公曰：'善！敢问何如斯可谓君子矣？'孔子对曰：'所谓君子者，言忠信而心不德（不自以为有德）。仁义在身而色不伐，思虑明通而辞不争，故犹然（舒缓）如将可及者，君子也。'哀公曰：'善！敢问何如斯可谓贤人矣？'孔子对曰：'所谓贤人者，行中规绳而不伤于本（身体），言足法于天下而不伤于身，富有天下而无怨财，布施天下而不病贫，如此则可谓贤人矣。'哀公曰：'善！敢问何如斯可谓大圣矣？'孔子对曰：'所谓大圣者，知通乎大道，应变而不穷，辨（遍）乎万物之情性者也。大道者，所以变化遂成万物也；情性者，所以理然不取舍也。所以其事大辨乎天地，明察乎日月，总要（统领）万物于风雨，缪缪肫肫（和美精密），其事不可循（揣摩），若天之嗣（主管），其事不可识，百姓浅然不识其邻，若此则可谓大圣矣。'哀公曰：'善！'"以上大段孔子讲庸人、士、君子、贤人、大圣人之间的差别和各自的本质，不是从地位、财富上说，而是从精神境界和社会事功上说，这种系统性为今本《论语》所无。《尧问》记载，"子贡问于孔子曰：'赐为下人（谦虚下人）而未知也。'孔子曰：'为人下者乎？其犹土也，深扣（掘）之而得甘泉焉，树之而五谷蕃焉，草木殖焉，禽兽育焉；生则立焉，死则入焉；多其功而不惪（息）。为人下者其犹土也。'"孔子用土地的品格形容君子的谦和人品，滋生万物而不炫耀，是十分生动的，亦合于《易传》的"地势坤，君子以厚德载物"的中华精神。

总起来说，荀子给后人留下了宝贵的孔子思想资料，如果将《荀子》书中和其他经书尤其《礼记》中的相关资料加以整合，那么可以形成一部《续论语》，从而给孔子研究开出一个很大的空间。这些资料是不是荀子自己编造的？绝对不是。一者荀子对孔子十分崇敬，不可能这样做，他有操守和担当；二者荀子也不需要假托孔子而发言，他是一位敢想敢讲的大思想家，他是坦诚的君子，从书中可以看得很清楚。至于他所引用资料本身是否在历史流传中产生某些讹误，则不能由他负责，他有自己的主见，后人也可以再做一番文献研究。正如鲁迅在《中国小说史略》中所说："纂辑旧文，非由自造"，这就够了。

第四，荀子经学特色小结。

其一，引经而有创造性诠释与发挥，其中突出的是对《礼经》与《论语》的发挥，形成自己独特的礼论与君子论。其二，具有群学即社会学的高度。近代以来，汉语"社会"一词，来于古代社日集会，有春社、秋社，祭祀土地神，举行庆典，以歌舞、演戏等方式酬神并娱乐，乡里歇业聚会，规模盛大，于是"社日集会"演变为"社会"一词，用以指称在生产和生活中形成的群体。荀学是中国最早的社会学。其三，在对古代经典的运用上，《荀子》一书处处与《礼记》对接，后者是荀子学派的作品。《荀子》有《劝学》《儒效》《王制》《礼论》《乐论》《哀公》，《礼记》与之相对应而有《学记》、《儒行》、《王制》、《祭法》（加《祭义》《祭统》）、《乐记》、《哀公问》。内容上处处相通，如都讲"一夫授田百亩"，讲关怀鳏寡孤独，讲事死如事生、事亡如事存，讲丧祭用以追养继孝，讲乐和同礼别异，讲君子仁以为守、义以为行、志不可夺，讲隆礼重法、忠信乃礼之本、义理乃礼之文，等等。其四，荀子既是经师又是人师，以经学传授弟子，形成荀子学派，同时又是一位大圣哲，有高尚的人格，有超人的智慧，在各国君臣面前侃侃而谈，实话实说，不避权势。如在赵国与临武君议兵，反复辩论。在齐国说服齐相行汤武之道。在秦国批评李斯一味强兵逞威而不行仁义，面对应侯范雎，在肯定秦国法治之效的同时，尖锐指出秦无儒学是其短处，将来会有危险。其弟子述说老子不遇时，"上无贤主，下遇暴秦"，不能用于世。于是荀子退居楚国，老死于兰陵。其五，荀子的文风宏富正大而又切实合用，论证严密，讲究推理，极有说服力，因为他吸收了名家的逻辑学用于论证经学，因此荀学有系统性、层次性，前因后果，极其分明。其六，荀子讲四海如一家，其学不仅可以作为今日巩固中华民族共同体的资粮，还可以为构建人类命运共同体提供大智慧，帮助人类克服冷战思维，消解冲突，促进和平，早日实现世界大同。

第五，新经学构想。

其一，指导思想的返本开新。儒家经学之所以能成为儒学史的主轴，又进而规约着中华民族的精神方向，乃是由于它能提供中华文明发展的仁恕通和刚毅之道，使之成为全民族的核心价值。近代以来，由于文化激进主义成为潮流，反对尊孔读经，经学遂衰变成一种新史学，丧失了其价值功效。清代章学诚提出"六经皆史"，其本意是说六经是在各自历史条件下形成的，因此认清历史背景才能将六经读深读透。可是民国以来学界受西方科学主义与哲学的影响，一些学者把"六经皆史"曲解为"经学即史学"，将经学变成纯知识系统和考据史学的研究对象，取消其"人文化成"的道德功能，称之为"国故"之学。其中章炳麟起了重要作用。章氏是大学问家，博通众家，兼习西学。他只承认孔子是历史学家和教育家，抹杀孔子道德家和哲学家的功绩。他只是一名经师而非人师，在西方近代实证史学的影响下把经学变成只重证据的史学，而与人生意义、经世安邦了不相关，由此结束了传统经学，也开不出新型经学，两千余年流衍不绝的经学断流了。他对诸子百家的研究，由于摈弃了司马迁"究天人之际，通古今之变，成一家之言"的鉴古知今的目标，而使史学成为西方近代实证史学的附庸。后来出现的否定中华上古文明和尧舜之道、只重考据不重思想因而把许多古典斥为"伪书"的《古史辨》疑古派，其源头在章氏的国故之学。此后，中国人失掉了文化的"魂"和"根"，丧失了文化自信，后果是严重的，直到改革开放，人们才逐渐觉醒。新经学重建，必须回归到价值层面，体现儒家"修己以安人"，"修己以安百姓"，"修身、齐家、治国、平天下"的理想；文本的考证要为价值追求服务。六经的具体作用各有不同，但都服务于培育真善美的君子品格，如《礼记·经解》所云："温柔敦厚，《诗》教也；疏通知远，《书》教也；广博易良，《乐》教也；洁静精微，《易》教也；恭俭庄敬，《礼》教也；属辞比事，《春秋》教也"。同时新经学要结合当今时代需求，开拓出新的空间、新的内涵，与百姓日常生活息息相关，容易与社会各界产生共鸣。

其二，继承和发扬当代新儒家"阐旧邦以辅新命"的综合创新精神，在他们成就的基础上向前跨行。梁漱溟构建了新文化学，熊十力构建了新唯识学，冯友兰构建了新理学，贺麟构建了新心学，钱穆构建了新国学，方东美构建了生命哲学，唐君毅构建了新儒家道德哲学，牟宗三构建了道德形上学，徐复观构建了真善美互摄的新儒学，张岱年构建了新气学，朱伯崑构建了新易学。今天中国新一代儒家研究学者要有志气、有勇力融合中西、贯通古今、推陈出新，在丰厚积累的基础上加大探索的力度，拓展儒家新经学的品类。正在进行并且需要继续推动的新儒学有：新仁学（牟钟鉴）、民主仁学（吴光）、和合学（张立文）、后新儒学（林安梧）、生活儒学（黄玉顺）、新礼学（彭林、彭永捷）、道哲学（郭沂）、新《孔子家语》学（杨朝明），等等。这些新儒学成果都是面向人类面临的各种严峻挑战应运而生的。人类危机丛生：人性堕落、道德滑坡、生命畸形、冲突加剧、社会动荡、战事不断，文明发展与野蛮交替并行，呼唤新人文主义的出现，而新儒学能够成为一种思想资源，点亮人类前行的道路。上述新儒学的出现使我们欣慰，我们还期盼新《诗》学、新《春秋学》、新《书》学、新《乐》学、新四书学、新兵学等，能陆续问世。

其三，儒家核心经典系统需要加以调整。历史上儒家核心经典的种类一直在调整中。汉初称《易》《诗》《书》《礼》《春秋》为五经，而《论语》《孟子》不是经。尔后有《孝经》《论语》入经。再后，增为九经、十二经，清代十三经形成。宋代朱熹作《四书集注》，元代定为科举读本，于是由《大学》《中庸》《论语》

《孟子》组成的四书对中国后期社会产生的影响，已超过五经。近代以来，经学衰微，但有识之士仍在提倡读经，如20世纪40年代，朱自清在《经典常谈》中指出："经典训练的价值不在实用，而在文化。"20世纪80年代叶圣陶在重印《经典常谈》序中说："经典训练不限于学校教育的范围而推广到整个社会是很有必要的。"他们所说的经典是广义的，包括群经、先秦诸子、史书、辞赋诗文及文字学著作。

对于今日社会，究竟将儒学核心经典确定为哪几部书比较合适，尚有待讨论。郭沂在《道统·经典·哲学——当代儒学范式初探》（载《尼山铎声——"当代儒学创新发展"专题》，人民出版社2013年版）一文中，根据古文献流传、地下出土帛书竹简和时代的变迁，提出新的儒家核心经典"七典"：《论语》（附《论语》类文献）、《子思子》、《公孙尼子》、《子车子》、《内业》、《孟子》、《荀子》。七典与五经共同构成核心经典。我对他的构想有认同也有异议。有几点认同：一是将《论语》《孟子》《荀子》列入核心经典，就《荀子》一书而言是首次，很有必要；二是《论语》应附《论语》类文献，也就是我所说的《续论语》；三是五经不变，只对四书做调整。有异议是说，《子思子》《公孙尼子》《子车子》《内业》数书主要是根据帛书、竹简和古文献重辑而成的，并没有在社会上广泛流行从而发挥经典的作用，在社会各界并无根基、十分陌生，它们可以丰富经典研究，而不宜独立作为经典。

我的构想是：五经不变，四书增为"六典"。六典：一《论语》、二《孟子》、三《荀子》、四《礼记》、五《孝经》、六《史记》。理由如下。《论语》与《孟子》，其经典地位不可动摇，毋庸赘述。《荀子》的重要性，前文已有论述，亦毋须多言。《礼记》是中华礼文化最具系统性的先秦理论著作。朱子将其中《大学》《中庸》两篇抽出列入四书，有其道理，如朱子在《大学章句序》中所言"教之以穷理、正心、修己、治国之道"，又如程子所说"《大学》，孔氏之遗书，而初学入德之门也"，其"修齐治平"已成为士君子座右铭；《中庸》一篇，朱子认为"乃孔门传授心法"，论中和，论中庸，论仁智勇三达德，论至诚如神，论尊德性而道问学，论祖述尧舜、宪章文武，皆儒学之精粹，故辐射力强大。

《礼记》中不只《大学》《中庸》重要，其他几乎篇篇皆是精品，不读不足以了解礼文化的深厚积蕴。如《曲礼》讲"临财毋苟得，临难毋苟免"，"夫礼者，所以定亲疏，决嫌疑，别同异，明是非也"，"道德仁义，非礼不成"，"君子行礼，不求变俗"，论礼的重要。《檀弓》讲"苛政猛于虎也"，批评暴政。《王制》讲："天子祭天地，诸侯祭社稷，大夫祭五祀。天子祭天下名山大川，五岳视三公，四渎视诸侯"，"少而无父者谓之孤，老而无子者谓之独，老而无妻者谓之矜，老而无夫者谓之寡。此四者，天民之穷而无告者也，皆有常饩（供养）"，论述祭天地山川及供养弱者。《月令》讲四时十二月气候与农事，为农业社会民生不可或缺。《文王世子》讲"圣人之记事也，虑之以大，爱之以敬，行之以礼，修之以孝，纪之以义，终之以仁"，对礼义仁孝做了说明。《礼运》讲"大道之行也，天下为公。选贤与能，讲信修睦，故人不独亲其人，不独子其子"，其大同理想，至今仍是人类社会追求的目标。《礼器》讲"忠信，礼之本也；义理，礼之文也。无本不立，无文不行"，讲礼有内外，合而成章。《郊特牲》讲"万物本乎天，人本乎祖，此所以配上帝也。郊之祭也，大报本反始也"，说明祭天地，为礼之本始。《学记》讲"君子如欲化民成俗，其必由学乎！玉不琢，不成器；人不学，不知道"，"教学相长"，"一年视离经辨志，三年视敬业乐群，五年视博习亲师，七年视论学取友，谓之小成。九年知类通达，强立而不反，谓之大成"，此篇是教育史名篇。《乐记》讲"治世之音安以乐，其政和；乱世之音怨以怒，其政乖；亡国之音哀以思，其民困"，"乐者为同，礼者为异"，"乐者天地之和也，礼者天地之序也"，将音乐与政治与天地之道联系起来。《祭法》讲"夫圣王之制祭祀也，法施于民则祀之，以死勤事则祀之，以劳定国则祀之，能御大灾则祀之，能捍大患则祀之"；《祭义》讲"文王之祭也，事死者如事生，思死者如不欲生"，"君子反古复始，不忘其所由生也"，"孝有三：大孝尊亲，其次弗辱，其下能养"，"建国之神位，右社稷而左宗庙"；《祭统》讲"凡治人之道，莫急于礼，礼何五经，莫重于祭"，"祭者，所以追养继孝也"，"祭者，教之本也"。以上三篇的中心思想是礼重祭祀、祭为教本，它是儒家人本主义宗教观的系统化。《经解》讲六经之教各有侧重（前文已引）。《表记》讲三代宗教之不同："夏道尊命，事鬼敬神而远之，近人而忠焉"。"殷人尊神，率民以事神，先鬼而后礼"，"周人尊礼尚施，事鬼敬神而远之，近人而忠焉"，从夏代经殷代再到周代，经历了螺旋式的上升，以彰显周礼之先进。《三年问》讲"三年之丧，何也？曰：称情而立文"，此乃宗教文化论之滥觞。《儒行》与《荀子·儒效》相应和，提供了孔子言行的丰富史料。《礼记》对于丧服、礼器、明堂、冠义、婚义、乡饮酒义、射义、聘义，皆有细论，夹叙夹议，在描述中点明其价值所在。可见，只有通读《礼记》，才能全面掌握古代的礼文化。

《孝经》论孝，大大提高了孝的层次，讲"夫孝，始于事亲，中于事君，终于立身"，"夫孝，天之经也，地之义也，民之行也"，"明王以孝治天下"，"教民亲爱莫善于孝，教民礼顺莫善于悌，移风易俗莫善于乐，安上治民莫善于礼"，"君子之事亲孝，故忠可移于君"。随着《孝经》的流布，孝之德不断被放大，成为礼文化的核心组成部分，汉代君王宣示"以孝治天下"，于是孝道由家庭伦理上升为政治伦理。因此不读《孝经》难以透彻了解礼义文明的发展。

《史记》是一部伟大作品，它集历史、思想、文学于一身，乃世界名著。司马迁所作《史记》，是我国第一部纪传体通史，写了自黄帝以来到汉武帝约三千余年的历史，梳理了中华文明的源流。司马迁依文献资料和口头传说为据，加上他读万卷书行万里路的实地考察，以其高瞻远瞩的眼光把历史写成治国理政的明鉴，以其文学素养把历史人物事迹写成活生生的故事，引人入胜。他用全副生命铸成了中国史学史上的丰碑。司马迁秉笔直书，字里行间批评汉武帝迷恋方士方术，汉武帝当然不悦，遂借李陵投降匈奴、司马迁为之辩护的事件，判司马迁有罪，处以宫刑，加以惩罚。司马迁之所以忍辱不自杀，在于《史记》未完成，重任在身，必须有始有终。司马迁在《太史公自序》中说："七年（天汉三年），而太史公遭李陵之祸，幽于缧绁。乃喟然而叹曰：'是余之罪也夫！是余之罪也夫！身毁不用矣。'退而深惟曰：'夫《诗》《书》隐约者（意隐微而言约），欲遂其志之思也。'昔西伯拘羑里，演《周易》；孔子戹（厄）陈蔡，作《春秋》；屈原放逐，著《离骚》；左丘失明，厥有《国语》；孙子膑脚，而论兵法；不韦迁蜀，世传《吕览》；韩非囚秦，《说难》《孤愤》；《诗》三百篇，大抵贤圣发愤之所为作也。此人皆意有所郁结，不得通其道也，故述往事，思来者。"司马迁在《报任安书》(《汉书·司马迁传》) 中历述他在李陵一案中说:"人固有一死,死有重于泰山,或轻于鸿毛,用之所趣异也。太上不辱先,其次不辱身","所以隐忍苟活,函于粪土之中而不辞者,恨私心有所不尽,鄙没世而文采不表于后也。""仆窃不逊,近自托于无能之辞,网罗天下放失旧闻,考之行事,稽其成败兴坏之理,凡百三十篇,亦欲以究天人之际,通古今之变,成一家之言。草创未就,适会此祸,惜其不成。是以就极刑而无愠色。仆诚已著此书,藏之名山,传之其人通邑大都,则仆偿前辱之责,虽万被戮岂有悔哉!"他最后说:"要之死日,然后是非乃定。"《报任安书》中最重要的一段话就是:"欲以究天人之际,通古今之变,成一家之言",这是司马迁刑后坚持写书的大担当。他写《史记》有远大的目标,探究自然与社会的关系,揭示古代演变至今的规律,成就自家的史学理论体系。司马迁是中国最伟大的史学家,他写历史兼顾天人之间的相与互动,考察古今交替的经验教训,由史出论、以论带史,其间贯穿着史家对社会对家国的高度关怀和深沉责任,形成中国史学的优良传统。《史记》对中国历史文化的贡献太多太大了。仅举两例。其一,司马迁起手便写《五帝本纪》，运用文献与传说资料，揭示中华民族文明的起源，以黄帝、颛顼、帝喾、唐尧、虞舜为中华民族共同体的人文初祖。我们今人称自己是炎黄子孙，这种祖源认同的主流意识盖由《史记》才明晰起来的。炎帝与神农氏合一，归为"三皇"（"三皇"有二说：一为燧人氏、伏羲氏、神农氏；二为伏羲氏、神农氏、黄帝），属于神话时代，从黄帝起属于传说时代（历史的真实质素更多），故司马迁从黄帝写起。"轩辕（黄帝之名）之时，神农氏世衰"，黄帝"修德振兵，治五气（调理五行之气），艺五种（种植黍、稷、菽、麦、稻），抚万民，度四方"，"与蚩尤战于涿鹿之野，遂擒杀蚩尤。而诸侯咸尊轩辕为天子，代神农氏，是为黄帝"，"顺天地之纪，幽明之占，死生之说，存亡之难。时播百谷草木，淳化鸟兽虫蛾，旁罗日月星辰水波土石金玉，劳勤心力耳目，节用水火材物。有土德之瑞，故号黄帝。"黄帝的功勋是平息战乱，修德抚民，发展农业，勤劳节俭。黄帝之后有颛顼，"养材以任地，载时以象天，依鬼神以制义，治气以教化，絜诚以祭祀"。颛顼的事功在建立鬼神祭祀制度。颛顼之后有帝喾，"顺天之义，知民之急。仁而威，惠而信，修身而天下服。取地之财而节用之，抚教万民而利诲之，历日月而迎送之，明鬼神而敬事之"，"帝喾溉（既）执中而遍天下，日月所照，风雨所至，莫不从服"。帝喾首次明确"执中"之义。帝喾之后是唐尧，他"能明驯（训）德，以亲九族；九族既睦，便（平）章百姓；百姓昭明，合和万国"，"乃命羲、和，敬顺昊天，数法日月星辰，敬授民时"，"于是帝尧老，命舜摄行天子之政，以观天命。舜乃在璇玑玉衡（浑天仪），以齐七政（四季、天文地理人道）。遂类于上帝（祭天），禋于六宗（祭日月风雨雷电），望（祭之名）于山川，辩（遍）于群神"。大舜是大尧禅让得位，他幼年困苦，"舜耕历山，渔雷泽，陶（制瓦）河滨，作什器于寿丘，就时于负夏。舜父瞽叟顽，母嚚（后母），弟象傲，皆欲杀舜。舜顺适不失子道，兄弟孝慈"。及其为政，"舜举八恺，使主后土，以揆百事。莫不时序。举八元，使布五教于四方。父义、母慈、兄友、弟恭、子孝，内平外成"，"此二十二人咸成厥功：皋陶为大理，平，民各伏其得实；伯夷主礼，上下咸让；垂主工师，百工致功；益主虞，山泽辟（开）；弃主稷，百谷时茂；契主司徒，百姓亲和；龙主宾客，远人至；十二牧行而九州莫敢辟违；唯禹之功为大，披九山，通九泽，决九河，定九州，各以其职来贡，不失厥宜。方五千里，至于荒服。南抚交趾、北发、西戎、析枝、渠廋、氐、羌，北山戎、发、息慎，东长、鸟夷，四海之内，咸戴帝舜之功。于是禹乃兴《九招》之乐，致异物，凤皇来翔。天下明德皆自虞帝始。"总之，自黄帝起，历经五帝，皆仁德、重民、勤劳、厚生、先农、敬祀、中和、忠孝、任贤、柔远，形成优良深厚文明传统，而其中虞舜与大禹初建了国家治理体制，直接惠及夏、商、周三代。这就把中华文明源头基本上说清楚了，这是《史记》的功劳。当然，其中仍保有神话成分。司马迁面对五帝传说纷纭、记载杂异，写作有很大难度。《五帝本纪》后"太史公曰：'学者多称五帝，尚矣（已很久远了）。然《尚书》独载尧以来；而百家言黄帝，其文不雅驯（不典雅），荐（缙）绅先生难言之'"，他举出《五帝德》《帝系姓》，儒者或不传，于是他"西至空桐，北过涿鹿，东渐于海，南浮江淮"，听各地长老言黄帝、尧、舜，知古书所记皆不虚，却又典籍残缺，"非好学深思，心知其意，固难为浅见寡闻道也。余并论次，择其言尤雅者，故著为本纪书首"。可知从传说和零散文献中将真实历史显现出来，须有实地考察相印证，更须有好学深思之士，心知其意，才能整理成正史，突显其正面价值，成为中国历史的开篇，惠及子孙万代。司马迁《史记》的伟大，一般史书曷可企及！其二，司马迁写《孔子世家》，将无侯伯之位的孔子列为世家，并有至上评价，足见其胆识过人，深知孔子在中华文明中的崇高地位。《孔子世家》写孔子一生历程，其中写鲁定公十年齐鲁夹谷之会十分生动。"孔子摄相事，曰：'臣闻有文事者必有武备，有武事者必有文备。古者诸侯出疆，必具官以从。请具左右司马。'定公曰：'诺。'具左右司马。会齐侯夹谷，为坛位，土阶三等，以会遇之礼相见，揖让而登。献酬之礼毕，齐有司趋而进曰：'请奏四方之乐。'景公曰：'诺。'于是旄旄羽祓矛戟剑拨鼓噪而至。孔子趋而进，历阶而登，不尽一等，举袂而言曰：'吾两君为好会，夷狄之乐何为于此！请命有司。'有司却之，不去，则左右视晏子与景公。景公心怍，挥而去之。有顷，齐有司趋而进曰：'请奏宫中之乐。'景公曰：'诺。'优倡侏儒为戏而前。孔子趋而进，历阶而登，不尽一等，曰：'匹夫而营惑诸侯者罪当诛！请命有司。'有司加法焉，手足异处。景公惧而动，知义不若，归而大恐，告其群臣曰：'鲁以君子之道辅其君，而子独以夷狄之道教寡人使得罪于鲁君，为之奈何？'有司进对曰：'君子有过则谢以质，小人有过则谢以文。君若悼之，则谢以质。'于是齐侯乃归所侵鲁之郓、汶阳、龟阴之田以谢过。"此段描述，彰显孔子在鲁摄相事，鲁君与齐君相会，鲁遭齐威胁与侮辱时，表现维护国家尊严的大担当，威武不屈，正气逼人，使齐侯怯而退让，主动归还所侵鲁国之田。这精彩的一幕已经定格在历史的舞台上。《孔子世家》记孔子适宋，与弟子习礼大树下。"宋司马桓魋欲杀孔子，拔其树。孔子去。弟子曰：'可以速矣。'孔子曰：'天生德于予，桓魋其如予何！'"孔子以替天行德为己任，故不惧。《孔子世家》最后，记孔子删述五经：传《书传》《礼记》，删《诗经》、序《易传》、作《春秋》，其孙子思作《中庸》。此后五经世代传承。最为精彩的篇章在司马迁对孔子的评价：太史公曰："《诗》有之：'高山仰止，景行行止。虽不能至，然心乡（向）往之。'余读孔氏书，想见其为人。适鲁，观仲尼庙堂车服礼器，诸生以时习礼其家。余祗回留之不能去云云。天下君王至于贤人众矣，当时则荣，没则已焉。孔子布衣，传十余世，学者宗之。自天子王侯，中国言六艺者折中于夫子，可谓至圣矣。"司马迁敬孔子为"至圣"，可谓定评。孔子是中华民族的精神导师，他所删述的五经和留下的《论语》，确立了中华民族重德的精神方向，滋养着世代子孙向上向善。后世称孔子为"大成至圣先师"。"大成"是孟子的评价："自有生民以来，未有孔子也"（《公孙丑上》），"圣之时者也，孔子之谓集大成"（《万章下》），即孔子集五帝三代之大成。"至圣"则首由司马迁提出，这"至圣"是指智慧最高的圣哲。合起来便是"大成至圣"。在历史上，孔子有时被抬为神，如汉代谶纬经学所为；有时被封为王，如唐代封其为文宣王，但都不能长久，因为孔子既不是神，也从未成为政治领袖，他却是最早的老师，本质上是思想家、教育家，故最后定格在先师上，人们称其为"万世师表"。先有孟子，后有司马迁，揭示了孔子的伟大在于仁礼之学的人本主义，为中华民族提供了核心价值。司马迁通过究天人之际、通古今之变而明黄帝为中华文明之祖、尊孔子为中华民族之师，所成的一家之言，逐渐扩展为整个中华民族的主流信仰，《史记》的特殊贡献就在这里。

如果我们的视野能超出儒家经学，扩及于中华文化中心地带的儒道佛三教，那么中华核心经典还可以由"六典"增为"九典"，即：一《论语》，二《孟子》，三《老子》，四《庄子》，五《荀子》，六《礼记》，七《孝经》，八《史记》，九《坛经》。

《老子》又称《道德经》，五千言，是道文化的第一经典，以哲理诗的方式展现贵柔的大智慧，为中外人士所珍爱，流布两千余年，传遍五洲四海，用道的哲学引导人们返璞归真，消除各种欺骗伪诈，使社会从虚假中摆脱出来，走向真实美好的境地。中国人无论男女老少都应读《老子》，学会包容，克服异化，回归自然。

《庄子》一书共三十三篇，其中内篇七篇，外篇十五篇，杂篇十一篇，道教界称之为《南华真经》。《庄子》"寓言十九"，以艺术的手法，用大量寓言故事表达一种心在物外的洒脱人生哲学，行文汪洋恣肆、恢诡谲奇，对世人颇有感染力和吸引力。学者多认为内篇为庄子自著，外杂篇为庄子后学所著。读《庄子》可重点读内七篇和《天下》篇。庄子亦尊崇大道，但他将大道的客观性转化为主体境界，向人内在的精神境界开拓。庄子认为，人的生存空间是有限的，但精神空间是无限的，可以用智慧不断加以拓展。《逍遥游》所颂扬的是人的精神自由，超出了鲲鹏，"天地与我并生，万物与我为一"，精神与宇宙大化合于一体，无往而非我，这就是至人、神人、圣人。《养生主》提出"以无厚入有间"，人生就可以"游刃有余"，并且进而把人生变成艺术的人生，如同庖丁解牛，由技进于道，"莫不中音，合于桑林之舞，乃中经首之会"。现在西方所讲"自由"乃是行为的自由，庄子所讲"自由"乃是精神的自由，这是他者无法限制的。《天下》是一篇先秦学术史，提到儒家六经："《诗》以道志，《书》以道事，《礼》以道行，《乐》以道和，《易》以道阴阳，《春秋》以道名分"，这能使读者更好把握六经的枢要。读《庄子》可使人从实用人生提升到审美人生，由于它的故事性强，读之津津有味，心灵在不知不觉中便被美化了。

《坛经》是中国佛教作品中唯一称为"经"的典籍，记载禅宗六祖慧能的言行，影响巨大，文字生动明快，易于阅读。其中心思想是佛性本有、不假外求，不立文字，顿悟成佛，佛法在人间，不离人间觉，无念为宗，无相为体，无住为本。《坛经》吸收了儒家重现实、重人伦的入世精神，又借重于道家微妙玄通、见素抱朴的超越意识，使禅宗在深层次上融入中华固有文化，受到社会欢迎。就不信佛的人而言，可将《坛经》之论视为信仰心理学，吸取其中智慧，破除贪（贪欲）、嗔（怨恨）、痴（无知与偏执）的病态心理，发现和涵养人性中善良、坦诚、包容的品性，对于造就快乐的人生、善美的社会是有帮助的。

小结

构建新经学，需要长期实践和探讨。有几点意见可供参考：一是鼓励百家争鸣，推动形成各具特色的新经学学派，开展对话和讨论。在中国文化史上，凡是百家自由争鸣的时代便是学术繁荣的时代，如春秋时期有儒墨名法诸家兴起，魏晋南北朝时期有玄学、佛学兴起，宋明时期有理学、心学、气学兴起。二是活学活用经典，善于区分何为常道、何为变道。如儒家讲的"五常"（仁义礼智信）是常道，"三纲"（君为臣纲、父为子纲、夫为妻纲）是变道；道教的"道"（真理）是常道，"术"是变道；佛家的"慈悲平等"是常道，"权设方便"是变道。三是儒道佛三教应有各自特色的新经学哲学。如儒家经学要在新仁爱中和哲学上多下功夫，以应对贵斗哲学和文明冲突论带来的社会危机，并推动当代道德文明建设。道家要在新生命哲学上着力，以治疗当代人的身心病态，促进人们的生理与心理健康。佛家或可在新般若哲学上创新，以帮助人们解脱由于无明而引起的烦恼，过上安乐生活。三教之间彼此吸纳，又不失自身主体性。在三教中，孔老、儒道互补是基脉，这种互补是人文化成与返璞归真的互补，是进取担当与舍先居后的互补，是家国情怀与个体自由的互补，是男性阳刚与女性阴柔的互补，是道德主义与自然主义的互补，是动力型文化与调适型文化的互补，是"道中庸"与"极高明"的互补。总之，儒道互补决定了中国哲学的精神和中国人的性格。荀子的哲学正是在儒道互补的基础上吸收诸子学说而形成的，他隆礼任贤又崇尚自然，既讲劝学修身又讲虚壹而静，既重视礼义矫饰性情又主张礼义养情顺性。因此，研究新荀学要有儒道互补的视野。

我的朋友文庸先生送我一件自撰自书的条幅，其文曰："离经而不叛道，尊崇决不迷信，保守切忌泥古，求索慎勿盲从"，内中蕴含着追求真理而不唯书唯上、尊敬古今圣贤而不盲目迷信、传承中华文化又要与时俱进、探讨创新必须独立思考等重要理念，可以启迪我们做好创新经学的事业。人类文明正进入新的转型期，中华新经学应为它的健康发展做出贡献。

主要参考文献

1. 冯友兰:《中国哲学简史》,北京大学出版社1985
   年版。

2. 康香阁、梁涛:《荀子思想研究》,人民出版社2014
   年版。

3. 孔繁:《荀子的唯物主义哲学思想》,载任继愈主编:
   《中国哲学发展史》先秦卷,人民出版社1983年版。

4. 梁启雄:《荀子简释》,中华书局1983年版。

5. 廖名春:《荀子新探》,中国人民大学出版社2014
   年版。

6. 司马迁:《史记》,中华书局1982年版。

7. 章诗同注:《荀子简注》,上海人民出版社1974年版。